Otto Rank

Au- delà du freudisme
La Volonté du Bonheur

© 2024, Otto Rank (domaine public)
Édition : BoD · Books on Demand,
31 avenue Saint-Rémy, 57600 Forbach, bod@bod.fr
Impression : Libri Plureos GmbH, Friedensallee 273,
22763 Hamburg (Allemagne)
ISBN : 978-2-3225-1674-2
Dépôt légal : Février 2025

Table des Matières

Avertissement

INTRODUCTION   La naissance de l'individualité

CHAPITRE I   Volonté et Contrainte

CHAPITRE II   Connaître et Vivre

CHAPITRE III   Vérité et Réalité

CHAPITRE IV   Le Soi et l'Idéal

CHAPITRE V   Création et Culpabilité

CHAPITRE VI   Bonheur et Délivrance

INTRODUCTION

LA NAISSANCE DE L'INDIVIDUALITÉ

> « L'événement le plus important dans la vie d'un homme est le moment où il prend conscience de son moi. »
>
> TOLSTOÏ

Les idées résumées dans les chapitres qui vont suivre constituent une conclusion provisoire de la théorie du psychique exposée, il y a près de vingt cinq ans, dans mon œuvre de jeunesse l'*Artiste* (*der Künstler*). En continuant à suivre et à approfondir cette conception, j'ai été peu à peu conduit à une psychologie *génétique et constructive* qui, à la suite de mes travaux analytiques, s'est finalement cristallisée en une *psychologie de la volonté*. Et celle-ci a fini par jeter de si vives clartés sur les fondements psychologiques de la théorie de la connaissance et de la morale, qu'elle m'a conduit à une *philosophie du psychique*, dont je voudrais tracer ici les grandes lignes, réservant son application thérapeutique pour un autre ouvrage.

J'ai été d'abord entièrement sous l'influence de la psychologie matérialiste de Freud, et c'est en termes de biologie mécaniste, conformes à son idéologie des sciences naturelles, que j'ai exposé ma conception du génie créateur (l'*Artiste*). Mais depuis, enrichi par l'expérience, il m'est devenu possible d'exprimer ces mêmes problèmes généralement humains en un langage plus accessible. Le moment décisif de cette évolution est marqué par la publication, en 1923, du *Traumatisme de la naissance*[1], où j'oppose à l'*impulsion créatrice de l'individu*, étudiée dans l'*Artiste*, la *création de l'individu lui-même*; création non seulement physique, mais aussi psychique, sorte d'expérience de renaissance, que je considère, du point de vue psychique, comme l'*acte créateur de l'homme*. Car il y a en lui autre chose que la naissance de l'individu, moi psychique sortant du moi corporel; l'homme y est à la fois créateur et créature, ou, plus exactement, de créature il *devient* créateur - dans le cas idéal, créateur de son moi, de sa personnalité.

La *naissance de l'individualité*, considérée comme conséquence psychologique du traumatisme de la naissance, exige une méthode différente d'examen et d'exposition. Dans le *Traumatisme de la naissance*, j'avais pris pour point de départ l'interprétation nouvelle d'une expérience déterminée de la situation thérapeutique. Comme dans l'*Artiste*, je m'étais efforcé de l'élargir, jusqu'au généralement humain et à la civilisation. Aujourd'hui, ma

---

[1] Le Traumatisme de la naissance. Traduit par le Dr. S. Jankélevitch, Paris, 1928, *Bibl. Scientifique*. Payot, Edit.

conception s'appuie au contraire sur l'idée généralement humaine, cosmique si l'on veut, d'âme, pour essayer de rassembler toutes ses manifestations dans le foyer d'une individualité. Il ne s'agit ni de réduire ce qui est général et surindividuel à ce qui est personnel et concret, ni de vouloir expliquer l'un par l'autre. Quoiqu'il paraisse, et si même parfois nous nous laissons entraîner à de telles tentatives, ce n'est nullement là l'intention de cette étude; elle se propose au contraire de mettre en parallèle les deux mondes du macrocosme et du microcosme, et de montrer, dans la mesure du possible, comment ils dépendent l'un de l'autre et réagissent l'un sur l'autre. Un tel programme rend naturellement inévitables certaines considérations sur l'histoire des civilisations, ne serait-ce que pour caractériser, dans quelques unes de ses manifestations typiques, le grand partenaire de l'individu.

Mais la tâche essentielle pour le développement de la *psychologie génétique* est de définir l'acteur et spectateur principal, le moi-individuel, dans son double rôle. Ce double rôle ne consiste pas seulement à être acteur en même temps qu'observateur de soi, c'est quelque chose de plus. Pour l'homme civilisé, en effet, le milieu, ce n'est plus la réalité naturelle, adversaire extérieur doué d'une puissance véritable; c'est une réalité artificielle, créée par lui-même, dont nous appelons civilisation les formes extérieures et intérieures. Même quand il lutte contre l'extérieur, l'homme civilisé n'est guère aux prises avec un adversaire « naturel » ; au fond, c'est a lui même qu'il a affaire, à sa propre création, telle qu'elle se reflète en particulier dans les mœurs et les coutumes, la morale et les conventions, les institutions sociales et culturelles. Ce phénomène est d'une importance fondamentale si l'on veut comprendre les rapports de l'homme avec le monde extérieur et avec ses semblables. La psychologie matérialiste de Freud mettait surtout en relief l'influence que peut exercer l'ensemble des facteurs extérieurs, le milieu si l'on veut, sur le développement de l'individu et la formation de son caractère. Déjà dans l'*Artiste*, j'avais opposé à ce principe biologique le *principe spirituel* si important pour le développement de ce qui est proprement humain. Il repose, selon moi, sur l'idée essentielle que ce monde intramental venu de l'extérieur (introjeté par identification) est devenu, au cours des temps une puissance indépendante, qui, à son tour, se projette vers l'extérieur cherchant à l'influencer et à le modifier pour que leur accord soit de plus en plus parfait. C'est en pela que consiste, en somme, la création, elle s'oppose à l'adaptation et doit être considérée comme un phénomène de volonté. Dans ce qui va suivre, nous chercherons surtout à montrer comment la psychologie de la volonté en conçoit les déterminantes psychologiques et les facteurs dynamiques.

Cette idée que l'individu influence et transforme le milieu renferme celle de *création* (type artiste) qui n'avait aucune place dans le monde freudien, puisque toutes les manifestations individuelles y sont regardées comme des réactions contre des influences sociales, ou des instincts biologiques, réduites, par conséquent, à des facteurs extra-individuels. Selon Freud, l'individu est, au fond de son être (le *ça*), soumis aux grandes lois de la nature (à l'inévitable répétition), tandis que son caractère personnel se compose d'une foule « d'identifications » auxquelles le « sur-moi » parental serait de base. Peut-être est-ce vrai *grosso modo* pour la grande masse, pour la moyenne; mais on n'expliquera jamais ainsi le type créateur où j'avais déjà rangé, dans l'*Artiste*, le « névrosé » qui en est un spécimen raté. Dans ce rapide aperçu, je voudrais provisoirement me borner à définir le type créateur : un être doué d'une aptitude, encore à définir, à utiliser les facteurs instinctifs élémentaires en vue d'une création *volontaire*, apte, en outre, à pousser le développement de ses forces supérieures, par delà les identifications de la morale du sur-moi parental, pour former un idéal qui guide et domine *consciemment* cette volonté créatrice dans le sens de la personnalité. L'essentiel c'est qu'il tire de soi-même son idéal personnel, qu'il le forme au moyen de facteurs *non donnés*, mais choisis par lui, et cherche consciemment à le réaliser.

Dans ce type, le moi prend un développement considérable et se révèle créateur; chez Freud, il était en quelque sorte coincé entre deux puissances invincibles : le ça intérieur et le sur-moi venu de l'extérieur, dont il n'était guère que l'instrument passif. Poussé par la libido du ça et inhibé par les facteurs moraux venus des parents, il tombait au rang de valeur négligeable, presque sans fonction propre et forcément sans volonté de créer ou même simplement de poursuivre consciemment un dessein. Or, le moi individuel est bien autre chose que le scène où se déroule le conflit continuel entre ces deux grandes puissances. Non seulement il est le soutien des valeurs supérieures, même fondées sur des identifications avec autrui; il est encore le *représentant* temporel de la force cosmique primitive, quel que soit le nom qu'on lui donne, sexualité, libido ou ça. Sa vigueur est d'autant plus grande qu'il la représente plus largement : *c'est la vigueur de cette force primitive représentée dans l'individu que nous appelons volonté.* Cette volonté devient créatrice quand, à travers le moi, pour ainsi dire, elle parvient au sur-moi où elle crée ses propres idéaux; ces derniers proviennent donc, en dernière analyse, du ça, mais certainement pas de l'extérieur. Cela nous explique pourquoi le moi est beaucoup plus puissant chez tout créateur, quel qu'il soit, que chez l'homme moyen, ainsi qu'on peut le voir, non seulement chez l'homme de génie, mais aussi chez le névrosé dont l'hypertrophie du moi produit la névrose, qui est une création comme une autre.

Le type créateur, dont le névrosé inférieur représente le raté, ne se distingue donc pas seulement par sa plus forte disposition instinctive, mais aussi par l'élaboration toute particulière qu'il lui fait subir, dont le résultat principal est la formation d'un idéal tiré de soi (fondé sur ses propres dispositions instinctives) et dont nous retrouvons le négatif dans la création des symptômes névrotiques. Mais tandis que le névrosé renforce ses inhibitions contre la puissance de son moi instinctif au point de perdre finalement toute aptitude à vouloir et à agir, il se produit, chez le créateur, une transposition des instinct qualitativement différente; elle se manifeste psychologiquement par la formation d'un idéal personnel dont l'influence se fait sentir au même instant dans le travail conscient de la volonté créatrice. Cela seul peut expliquer la puissance du travail créateur; l'idée fade et terne de sublimation, qui mène dans la psychanalyse une existence d'ombre, ne peut y réussir. On peut dire, selon nous, que chez l'homme, certaines manifestations instinctives ne sont parfois qu'un faible et insuffisant reflet de ce que voudrait la force créatrice de la volonté. Autrement dit, ce ne sont pas les produits de la fantaisie qui remplacent la réalité non atteinte; au contraire, toute la réalité accessible n'est qu'une pâle compensation de l'inépuisable volonté.

La compréhension psychologique du type créateur et de son raté, le névrosé, nous montre donc qu'il faut considérer le moi non seulement comme le théâtre de la lutte qui se livre entre les instincts (le ça) et les inhibitions (le sur-moi), mais qu'il faut aussi voir en lui le support conscient d'une *tendance ascentionnelle, le représentant autonome du vouloir et du devoir, comme idéal personnel.* La première théorie freudienne de la "réalisation du désir » se rapprochait plus de cette connaissance que sa doctrine ultérieure des « instincts », simple transposition biologique des désirs « inconscients ». Il est facile de reconnaître dans le « désir » freudien l'ancienne volonté des psychologues d'école, quelque peu déguisée, il est vrai, en philosophie romantique de la nature; or le désir inconscient, ainsi que je l'exposais dans l'*Artiste*, correspond en réalité à une poussée instinctive qui, plus tard, fut même attribuée au « ça » surindividuel, Et, Freud lui-même dut finalement reconnaître dans « le moi et le ça » que la tendance consciente du moi à réaliser le désir, que désigne si excellemment la volonté, a une portée beaucoup plus grande qu'il ne l'avait avoué, tandis que la tendance instinctive a, chez l'homme, une portée beaucoup moindre qu'il n'avait pensé; elle est en effet inhibée par les puissances vigoureuses du sur-moi, et j'ajoute, elle est dirigée par la formation d'un idéal personnel. On le voit aussi nettement dans le phénomène du rêve, où Freud a découvert la tendance à l'accomplissement du désir. Les désirs conscients du jour ont parfois assez de force pour s'accomplir durant le sommeil, alors que les désirs inconscients, donnés comme plus forts (tendances instinctives), sont presque chaque fois bloqués par les barrières morales (censure de Freud) dont le sommeil n'a pas supprimé la vigilance.

En tenant compte de tous ces faits et considérations, la psychanalyse eût évité de surestimer ce qu'il y a dans l'homme d'inconsciente impulsivité, et de sous-estimer son moi volontaire et conscient; mais une sorte de contrainte psychique, débordant de beaucoup la psychologie personnelle de son créateur, devait l'en empêcher. Avant d'étudier l'origine et la nature de cette contrainte, je tiens à dire brièvement pourquoi j'emploie ce terme de contrainte. La psychanalyse tout entière, tant théorique que pratique, n'est qu'une *glorification*, unique en son genre, *de la conscience et de sa puissance*; je l'avais déjà indiqué dans l'*Artiste*. Or, Freud appelle sa doctrine : « Psychologie de l'inconscient » et tient à ce qu'elle soit prise pour telle. Elle l'est aussi, en quelque manière; mais à mesure qu'elle devenait doctrine de l'inconscient, elle cessait d'être psychologie. Doctrine de l'inconscient, elle s'est transformée peu à peu en un fondement biologique de la psychologie et c'est ainsi que j'essayai de la présenter dans l'*Artiste*; ses mécanismes de la transformation du sur-moi constituent, par contre, une base de la caractérologie. Quant au domaine propre de la psychologie, le moi conscient avec son vouloir, son devoir et sa sensibilité, elle l'a traité quelque peu en marâtre, le plaçant presque totalement sous la tutelle des forces extra-individuelles du « ça » et du « sur-moi ». En théorie du moins ! Car dans la pratique, la psychanalyse n'est qu'une glorification de la *puissance de la conscience* : elle l'est dans sa valeur thérapeutique, puisque c'est par la prise de conscience de ses motifs inconscients, que la névrose se guérit; elle l'est dans sa valeur culturelle, que j'ai présentée dans l'*Artiste* comme un élargissement immense de la conscience dans le développement de l'humanité; elle l'est enfin dans sa propre valeur scientifique, puisqu'elle est une connaissance et un savoir concernant une portion de l'inconscient : la nature.

Avant d'examiner comment a pu se produire une telle contradiction entre la théorie et les faits, sur lesquels elle repose ainsi que les conclusions auxquelles elle conduit, résumons rapidement les facteurs sous-estimés par la psychanalyse. C'est d'abord l'importance du dedans indépendant du dehors; puis celle de la volonté créatrice et enfin celle du devoir conscient. Nous savons maintenant que tous ces facteurs sont étroitement liés l'un à l'autre, qu'ils se conditionnent réciproquement, qu'en un certain sens, ils représentent la même chose. Pour point de départ nous avons pris le dedans devenu tel après avoir été d'abord le dehors, et dont le représentant est, pour nous comme pour Freud, le sur-moi, dans la mesure où il est fait d'identifications. Si nous comprenons dans cet extérieur aussi le « ça », supra-individuel dans une certaine mesure, puisqu'il appartient à l'espèce que Jung appelle « inconscient collectif » ou racial, il nous restera, comme noyau individuel propre, le moi, en qui nous avons trouvé le représentant du vouloir créateur ou, plus généralement, de la personnalité consciente. Une fois reconnue sa puissance - et la psychanalyse l'avait fait, pour la nier plus tard - des perspectives plus vastes et plus intéressantes s'ouvrent devant nous dont l'ancienne psychologie ne pouvait avoir la moindre idée - bien qu'elle eût compris l'importance de la volonté consciente - parce qu'elle ignorait complètement le point de vue dynamique; la psychanalyse, qui le connaissait, y voyait une force biologique purement instinctive; nous la considérons aujourd'hui comme une puissance créatrice individuelle.

Il en résulte avant tout une possibilité de répercussion créatrice de cette volonté personnelle renforcée sur le ça instinctif hérité; d'autre part, les formes du sur-moi sont, à leur tour, influencées par l'idéal personnel créé. Le premier effet nous conduit dans le domaine le plus important, mais aussi le plus obscur, de toute la psychologie : celui de la *vie affective*, tandis que l'effet de la volonté personnelle englobe tous les phénomènes réels de sublimation, le *spirituel*, au sens large. Bref, c'est ici seulement que nous pénétrons dans le domaine véritable de la psychologie, celui du vouloir et du devoir purement spirituels, et non biologiques ou moraux, sans aucune contrainte surindividuelle, domaine de la « liberté », au sens métaphysique que lui donnait Kant, c'est-à-dire par delà toute influence extérieure. La psychanalyse n'a guère fait qu'effleurer le problème de la vie affective, car les sentiments « inconscients », qu'elle supposait correspondre aux désirs « inconscients », ne se laissaient pas ramener aussi facilement que ces derniers à la vie instinctive. Faute d'une meilleure explication, peut-être pourrait-on admettre que les affects correspondent à de tels sentiments inconscients; mais il n'en est pas moins indéniable que toute la sphère sentimentale, avec sa gradation de fines nuances, est un phénomène de conscience aussi bien que l'homme tout entier. On peut accepter ici la définition freudienne de la conscience : « *un organe des sens destiné a percevoir les qualités psychiques* ». Il est probable qu'antérieurement la conscience ne fut guère qu'un sens percepteur de qualités extérieures (psychologie sensorielle), elle l'est d'ailleurs encore; plus tard vint s'y ajouter la fonction de percevoir les qualités internes; un degré ultérieur de développement fit d'elle un organe indépendant, doué d'une activité propre et destiné à maîtriser en partie les mondes interne et externe. Finalement, la conscience devint un instrument d'observation et de connaissance de soi (conscience de soi); comme tel, elle atteint, dans la psychanalyse, et dans la psychologie de la volonté qui la continue, son degré suprême de développement et de connaissance de soi. La puissance accrue de la conscience permet donc au moi individuel de se libérer non seulement de la domination des forces naturelles qui l'entourent, mais encore de cette contrainte biologique à la répétition du ça hérité; en même temps, grâce à la formation d'un idéal, il fait de plus en plus sentir son influence positive sur le développement du sur-moi et, finalement, sur le monde extérieur où s'exerce sa force créatrice et dont la transformation par l'homme se répercute en lui et dans son développement intérieur.

Nous voici donc ramenés de la volonté à la conscience; car nous tenons à rester dans le domaine de la psychologie. Si importante et fondamentale que soit la volonté - quoi que l'on entende par ce terme - pour provoquer chez l'individu l'action, le sentiment et la pensée, il est bien certain cependant que nous ne pouvons saisir tous ces phénomènes que de et par la conscience. En ce sens profond, il ne peut, de toute nécessité, y avoir d'autre psychologie que celle de la conscience. Bien plus ! Ce ne pourra être qu'une psychologie de la conscience dans les différentes phases, formes et nuances de son développement. Nous aurons à examiner plus tard cette relativité non seulement de toute connaissance consciente, mais encore de tous les phénomènes de conscience. L'essentiel, pour l'instant, est de poser le problème : nous ne percevons jamais les facteurs actifs de notre vie psychique que par l'intermédiaire de la conscience; or cette conscience n'est ni stable, ni constante, ni immuable. D'où une foule de difficultés dont l'ignorance rend impossible toute psychologie et dont la connaissance constitue la tâche essentielle de cette science. Ces difficultés consistent d'abord en ce que nous ne percevons les phénomènes de volonté que par l'intermédiaire de la conscience; puis, en ce que cette conscience n'offre à notre considération de ces phénomènes aucun point d'appui solide, parce qu'elle se modifie, se déplace, s'élargit sans cesse; ceci nous conduit au troisième point, le plus important peut-être, à savoir que nous ne pouvons considérer ces fluctuations des phénomènes de conscience qu'au moyen d'une sorte de *super-conscience* que nous appelons conscience de soi.

Ces difficultés se compliquent encore notablement dès que nous nous rappelons que les phénomènes de volonté déterminent, ou du moins influencent, dans une très large mesure, la conscience elle-même et son développement. A peine pouvons-nous donner une idée de cette énorme complexité en disant que nous sommes en présence d'interprétations et réinterprétations continuelles : la volonté, sur ses différents plans, interprète sans cesse la conscience qui fut vraisemblablement elle-même, à l'origine, un phénomène de volonté, un instrument de réalisation du vouloir avant de s'élever, d'abord au rang de puissance consciente de soi contrôlant le vouloir et, finalement, de superconscience analytique qui, à son tour, interprète sans cesse la volonté et ses phénomènes pour les asservir, à tout moment, à ses propres intérêts. Par conséquent, pour faire de la psychologie proprement dite, gardons-nous de dépasser par une théorie nouvelle ces processus continuels d'interprétation réciproque. Toute théorie, quelle qu'elle soit, cherche à opposer aux centaines de tentatives spontanées d'interprétation que font volonté et conscience, un seul et unique essai considéré comme constant, durable, « vrai ». Or, nous l'avons vu, rien n'est moins psychologique, puisque l'essence même des processus psychiques, c'est le changement et la variabilité des interprétations possibles. L'obsession de la théorie correspond simplement au désir d'un appui solide, d'une constante, d'un repos dans la fuite de la vie psychique.

Est-il possible d'échapper à cette éternelle obsession interprétative, ou ne pourrions-nous, du moins, nous reposer un instant en dehors d'elle ? Une chose est certaine : c'est que nous n'y parviendrions pas au moyen de l'analyse historique ou génétique.

Car les derniers éléments auxquels nous arrivons ainsi sont eux-mêmes toujours des phénomènes d'interprétation; en outre, il est inévitable que la recherche analytique de ces éléments soit continuellement la proie de cette folie interprétative de la conscience comme de la volonté. Il ne nous reste donc, du point de vue psychologique, qu'à reconnaître ces difficultés. Peut-être pourrions-nous encore essayer de comprendre pourquoi il doit en être ainsi. Ce serait le problème psychologique pur, au delà duquel commence immédiatement le genre d'interprétation que nous appelons *connaissance*, au sens le plus large du terme. Cette connaissance n'est point une compréhension interprétative; c'est une expérience immédiate, une forme de la création, la plus noble peut-être dont l'homme soit capable; c'en est certainement la plus dangereuse, car elle peut finalement conduire à la souffrance quand elle vient entraver la vie au lieu d'en être la joyeuse affirmation. C'est ce contraste entre connaissance et expérience qui aboutit au problème « vérité ou réalité » que nous examinerons dans les pages suivantes [2]. Dans l'opposition d'états d'âme aussi désirés que « le bonheur et la délivrance », nous finirons par retrouver ce double rôle de la conscience ou connaissance consciente, source de toute joie comme de toute souffrance.

Dans cette introduction, je voudrais bien poser le problème et marquer l'importance que prend la connaissance pour la compréhension de notre vie psychique. Nous avons cherché, tout à l'heure, un moyen d'échapper à cette contrainte interprétative où volonté et conscience se torturent mutuellement. Ce genre de connaissance mérite, plus que tout autre, le nom de

---

[2] Le présent essai porte ce titre dans sa version originale allemande.

philosophie, puisqu'il dirige son effort non seulement vers tel ou tel contenu, mais vers l'essence même des phénomènes. Pas plus que l'artiste ou le croyant, le philosophe ne puise exclusivement dans sa propre personnalité. Ce qui se manifeste chez tous sous des formes différentes, c'est à la fois quelque chose de supra-individuel, de primitif, de cosmique, qui possède une valeur générale humaine ou universelle. Nous nous heurtons aussitôt au *problème de la forme*, le principal au point de vue psychologique. Or chez l'individu créateur, l'homme de génie, ce qui se manifeste, ce qui devient plus ou moins conscient, ce n'est pas seulement une partie de l'élémentaire, c'est aussi et autant l'individuel, le personnel et c'est de la proportion de ces deux éléments, de leur mélange et de leur action l'un sur l'autre que dépendent l'étendue et le degré de généralité de la connaissance. De toute façon, l'individu court le danger, ou du moins la tentation, d'interpréter l'universel, devenu, conscient en lui, selon le développement de sa personnalité, c'est-à-dire, en langage psychologique, il tente d'y voir l'expression de sa volonté et non d'une contrainte sur-individuelle. Telle est la psychologie de la « Weltansehauung ». Si toute théorie est, en somme, un moyen d'échapper au doute que comporte toute interprétation, cette psychologie représente au contraire l'expérience créatrice immédiate, non seulement de l'individu lui-même, mais aussi du cosmos qui se manifeste en lui.

Nous retrouvons ici encore, au sommet suprême de la conscience humaine et de son expression créatrice, le même conflit fondamental entre volonté et contrainte, qui se poursuit d'une manière ou d'une autre à travers l'évolution tout entière de l'humanité et de l'éveil de sa conscience. C'est seulement dans l'individu créateur que se manifeste chaque fois ce conflit, dont la meilleure explication nous semble être celle-ci : c'est en l'homme que la nature prend de plus en plus conscience d'elle-même et, en même temps que l'homme acquiert de lui-même une connaissance plus profonde (que nous appelons individualisation), il cherche à se libérer de plus en plus du primitif. A chaque degré du développement, c'est donc une séparation convulsive et continuelle de la collectivité qu'entreprend toujours à nouveau l'individu : j'appellerais volontiers ce processus : *naissance jamais achevée de l'individualité*. Car toute la suite du développement, depuis l'instinct aveugle en passant par la volonté consciente, jusqu'à la connaissance consciente de soi, semble correspondre à une série ininterrompue de naissances, renaissances et nouvelles naissances allant de la mise au monde de l'enfant par sa mère en passant par la naissance de l'individu qui sort de la masse, jusqu'à celle de l'œuvre créée par l'individu, pour aboutir enfin à celle de la connaissance, fille de l'œuvre. C'est ainsi que l'opposition entre volonté et conscience, où nous avons vu le problème psychologique par excellence, correspond, en quelque manière, au contraste biologique entre procréation et naissance. Quoiqu'il en soit, nous trouvons dans tous ces phénomènes, jusqu'au sommet spirituel le plus élevé, la lutte et la douleur de la naissance, de la séparation de l'univers, unies aux plaisirs et à la volupté de la procréation, de la création d'un cosmos individuel, qu'il s'agisse de l'enfant de notre chair, ou de l'œuvre de notre puissance créatrice ou d'individualité spirituelle. Au fond, c'est toujours, et ce notre volonté sera toujours, un acte de notre volonté, aspiration intérieure vers la liberté, que nous opposons à la contrainte extérieure du réel.

I

VOLONTÉ ET CONTRAINTE

> « L'homme craint ce qui ne peut rien sur lui et il le sait; et il désire ardemment ce qui ne peut lui être utile, et il le sait; mais en vérité ce dont l'homme a peur est en lui-même et en lui-même ce à quoi il aspire. »
> RABBI NACHMAN.

La réintroduction, dans la psychologie, de la notion de volonté résout toute une série de problèmes avec tant de facilité satisfaisante, que certains pourraient y voir une sorte de *deus ex machina*. Pourtant, je sais parfaitement que telle ne fut pas mon intention; au contraire, j'ai consacré de longs et laborieux efforts à rechercher, sans y parvenir, une solution satisfaisante à certains problèmes soulevés à nouveau par la psychanalyse. J'eus à lutter contre des préjugés de toutes sortes et, finalement, il m'apparut d'abord qu'il était nécessaire de voir en la volonté un facteur
psychologique de premier ordre; et bientôt, cela me sembla tout naturel. Cette évidence me parut telle que je me dis alors que seule une résistance énorme peut empêcher de reconnaître toute l'importance de la volonté comme force psychique de premier plan.

Voici comment s'est posé à moi ce problème général, dépassant de beaucoup la critique psychanalytique : pourquoi faut-il nier la volonté, dont le rôle est pourtant si grand dans la réalité ? ou bien, anticipant sur la définition de tout à l'heure, pourquoi la volonté passe-t-elle pour mauvaise, malfaisante, condamnable, indésirable, alors que c'est elle, créatrice consciente et positive, qui nous façonne en même temps que le monde qui nous entoure ? La question ainsi posée, on voit tout à coup que cette contradiction, nécessaire semble-t-il, constitue non seulement le problème fondamental de toute psychologie, mais aussi la base de tout dogme religieux comme de toute spéculation philosophique. Bref : si toute religion, comme toute philosophie, a et reconnaît avoir, une tendance moralisatrice, toute psychologie a eu, elle aussi, et aura nécessairement, cette même tendance tant qu'elle ne sera pas à même, pour le résoudre, de se placer par-de-là le problème de la volonté. La haute estime en laquelle on tient religion et philosophie vient précisément de leurs tendances moralisatrices et de leurs contenus moraux; l'orgueil des psychologues ne veut rien de semblable pour leur science. Certes la psychologie ne devrait pas moraliser; mais elle l'a fait nécessairement, tant qu'elle s'est occupée du contenu de la vie psychique, qui est imprégnée et pénétrée de principes moraux. C'est surtout vrai de l'orientation thérapeutique de la psychanalyse et c'est, à mes yeux, ce qui fait sa valeur comme méthode d'éducation. Or elle a été contrainte tantôt de justifier tantôt de nier ce caractère morale-pédagogique, parce qu'elle est aussi une psychologie théorique.

En dépit de l'allure antimorale que prend la psychanalyse, la volonté - ou ce qu'elle entend par ce terme - est encore, pour elle, aussi « malfaisante » que pour l'homme de l'ancien testament, le bouddhiste ou le chrétien; elle est aussi condamnable que pour Schopenhauer ou d'autres philosophes qui misaient, contre elle, sur la raison; aussi condamnable que pour ces malades qui souffrent, précisément de ce conflit.

Le problème n'est donc pas spécifiquement psychanalytique, il n'est pas même purement psychologique; c'est un problème de civilisation humaine. Pour le résoudre, un seul point de départ possible : le fait psychologique fondamental, que la volonté est malfaisante, qu'il faut la condamner ou la justifier; ce fait, il faut le comprendre et l'expliquer, au lieu de le critiquer ou de le prendre comme hypothèse, ou encore de voir en lui le phénomène irréductible comme l'a fait la psychanalyse avec son concept de culpabilité. C'est là, justement, que commence la véritable psychologie. L'incapacité de la psychanalyse à franchir ce point s'explique par son caractère de méthode thérapeutique. Ses connaissances sont issues de la thérapeutique qu'elle fut à ses débuts; or, de par sa nature même, la psychothérapie tend nécessairement à la morale ou au moins à l'établissement de normes. Qu'il s'agisse du concept médical de « normalité » ou de l'idée sociale d'adaptation, jamais la thérapeutique ne peut être sans préjuge parce qu'elle part de ce principe que quelque chose *doit être autre qu'il n'est*, peu importe la formule choisie. La psychologie, elle, a pour tâche de décrire ce qui est, comme c'est et, si possible, d'expliquer pourquoi il doit en être ainsi. La psychanalyse, Janus au double visage, a été contrainte de confondre ces deux principes diamétralement opposés; pour l'avoir mal compris et pour l'avoir nié plus tard, l'on s'est trouvé dans le désordre actuel, avec une thérapeutique à tendances psychologiques et une théorie à tendances moralisatrices, à l'inverse de ce qui devrait être.

L'explication plus précise de cet état de fait paradoxal nous permettra de mieux comprendre les problèmes de la volonté qui en forment la base. On croyait, au début, que le malade souffrait de la répression des tendances, du refoulement, parce que, évidemment, il repoussait la tendance considérée comme « mauvaise », immorale. On peut très bien imaginer une thérapeutique dont l'efficacité reposerait sur l'autorisation, donnée à l'individu par une autorité (médecin ou prêtre) ou par un être aimé, d'accorder satisfaction aux instincts. Elle lui dirait; il n'y a là rien de mal, comme tu le crois; cela est bien (nécessaire, beau, etc.). Ce genre de thérapie a toujours existé, et existe encore : dans la religion, dans l'art, dans l'amour. La psychanalyse, elle-même, a commencé ainsi; elle en est, dans l'ensemble, restée là. Elle a pratiqué d'abord cette méthode directement; Freud ne conseillait-il pas à ses malades une vie sexuelle normale (ce qui psychologiquement équivalait à une autorisation). Même dans tous les modes compliqués de la thérapeutique et de la théorie psychanalytiques, c'est toujours cette seule tendance justificatrice, qui constitue l'agent réellement efficace. Mais on dit maintenant : vos mauvais désirs - dont on cite comme exemple (prototype) la pire chose que l'on puisse vouloir, les désirs d'Oedipe et ceux de castration - n'ont rien de mauvais, ou, du moins, vous n'en êtes point responsables, puisqu'ils sont universels ! Et ce n'est pas là une simple vérité. L'effet thérapeutique est certain, du moins sur les esprits croyants - sans ironie, au sens psychologique du terme, - sur les hommes qui cherchent toujours une excuse à leur vouloir et qui en trouvent une maintenant dans le « ça » qui remplace Dieu. Et une fois que les hommes ont pénétré ce qu'on appelle la « duperie sacerdotale », au fond un mensonge contre soi-même, ils ont, en somme, compris tous les genres de duperies thérapeutiques personnelles; de là leur souffrance; là est la source de la névrose. Quand je dis « pénétré », je n'entends pas dire : consciemment; mais le sentiment de culpabilité, que l'humanité éprouve encore, qu'elle éprouve même de plus en plus, en dépit d'une absence apparente de responsabilité, est la meilleure preuve de l'échec actuel de cette thérapeutique, qui, en un certain sens, a toujours échoué, puisque son efficacité ne fut jamais que partielle.

Dans ce que j'avais appelé déjà dans *l'Artiste* : les thérapeutiques spontanées de l'humanité - religion, art, philosophie - c'est cette consolation qui agit à cause de son caractère universel d'abord, puis parce que c'est là que l'homme s'accuse, *en même temps*, de cette mauvaise volonté qu'il voudrait renier. Par le rite, la jouissance artistique, l'enseignement, l'homme reçoit d'autrui, prêtre, artiste ou sage, décharge et consolation. Mais ce qui domine dans le *contenu* de ces systèmes thérapeutiques, c'est l'accusations le châtiment sous forme d'humilité religieuse, de soumission à Dieu, de tragiques crimes et châtiments et de justification par réaction éthique. Bref, dans toutes ces projections du grand conflit de la volonté, l'homme s'avoue, d'une façon ou de l'autre, pécheur, coupable et méchant. C'est exactement ce même processus de justification et d'autoaccusation que nous voyons se dérouler dans la psychanalyse, masqué ici par la terminologie psychothérapeutique, particulière à notre époque éprise de sciences naturelles, mais où il semble inévitable cependant d'introduire les concept et symboles des systèmes antérieurs. Dans sa, « technique », la psychanalyse est consolation et justification tout autant que le peut être de par sa nature n'importe quelle thérapeutique; elle tranquillise l'homme à propos de sa méchanceté, en lui disant que la cause en est dans la nature humaine et que tous sont comme lui. Mais c'est au détriment du contenu de son système, de sa théorie comme pour toutes les tentatives de justification faites jusqu'ici par l'humanité. Dans la théorie, la tendance est mauvaise, méprisable, repoussante, l'homme est insignifiant, vain, un jouet du ça et des instances du sur-moi, le sentiment de culpabilité est, et reste, la dernière réalité, impossible à supprimer.

Il en résulte que, dans la psychanalyse, la théorie est la contre-partie aussi nécessaire de la thérapeutique que le système religieux ou dogme ecclésiastique est la nécessaire contre-partie de la pratique rituelle du cérémonial d'expiation. Elle la complète, de même que l'œuvre créée par l'individu complète (et n'exprime pas seulement) ce qui fut réellement vécu. La psychanalyse ne peut donc pas être une psychologie indépendante et sans préjugés : elle ne peut être que le contre-poids indispensable de la pratique thérapeutique et, souvent, sa bonne à tout faire. Évidemment elle est aussi psychologie, mais psychologie du thérapeute qui a besoin d'une théorie de ce genre pour justifier son action autant que pour dénoncer en même temps son attitude moralo-pédagogique. Alors elle redevient elle-même l'objet d'une psychologie qui va demander à son tour, pourquoi le thérapeute - quel qu'il soit - a besoin d'une justification et pourquoi précisément de celle-là ? Dire que la théorie psychanalytique repose sur les expériences de la pratique thérapeutique et que c'est là ce qui fait sa valeur, notamment comme science, est une objection insuffisante. La théorie psychanalytique ne repose que sur une expérience unique : celle de la situation analytique essentiellement thérapeutique; donc fondée sur les rapports du malade avec son médecin. Comme le malade est l'objet, on devrait avoir une psychologie de l'être souffrant, dont les diverses expériences ajoutées donneraient une psychologie générale de l'homme. Pourtant, même dans ce cas, ce ne serait encore que la psychologie d'une partie, la plus nombreuse, je l'accorde, de l'humanité, de ceux qui ont besoin de secours. La psychologie de l'aide, du thérapeute, serait encore à faire et cet aspect de la nature humaine est au moins aussi important que l'autre.

Mon affirmation va plus loin. Je prétends que la psychanalyse nous livre beaucoup plus qu'il ne semble de la psychologie du thérapeute, dont la volonté est active, mais qu'elle nous la présente comme psychologie du malade qui cherche aide et dont la volonté est nulle. Cela ne diminue en rien la valeur psychologique de la psychanalyse qui, je crois, permet d'étudier les problèmes fondamentaux de la vie psychique de l'homme mieux qu'on ne le fit jamais auparavant. Mettons-nous d'accord sur certaines questions principales, dont l'élucidation nous permettra d'utiliser avec fruit les voies ouvertes par la psychanalyse, sans quoi nous serions obligés d'errer encore sans trêve, sans en avoir tiré aucun enseignement. En un mot, dans sa psychologie de l'homme normal, du type moyen, la psychanalyse nous donne, en réalité, la psychologie du créateur, non seulement de Freud - comme Michaelis [3] l'a exposé admirablement pour ce cas particulier - mais celle du créateur type. Elle nous livre la psychologie du type de l'homme de forte volonté qui, lui-même presque Dieu et créateur d'hommes, doit, dans son système, renier sa ressemblance à la divinité avec toutes ses caractéristiques et se dépeindre comme un petit être faible et sans ressources, autrement dit, comme un être qui cherche consolation et secours.

Quelle vérité tragique dans la destinée, inévitable semble-t-il, du type créateur ! Le reniement continuel que l'on rencontre dans l'œuvre, dans le système, vient troubler ce merveilleux tableau. On peut faire de l'œuvre, née de cette lutte surhumaine avec soi, une infaillible révélation de suprêmes vérités psychologiques de valeur générale; elle s'expliquerait alors comme une réaction nouvelle contre le contenu du système; toutefois cette prétention nous dévoile certains traits mesquins qui risquent d'ébranler l'œuvre à sa base même. Nietzsche, qui a connu jusqu'à la lie tout ce qu'il y a de tragique dans la destinée du créateur et qui, dans son *amor fati*, avouait être prêt à payer son dû, est, et a été selon moi, jusqu'à présent le seul et unique psychologue. Il fut, en tout cas, le premier à reconnaître et à tenter

---

[3] Dr. E. Michaelis : Freud, son visage et son masque. Paris, 1933.

d'éviter « le danger moral » dans la psychologie et dans la philosophie. Il y aurait bien mieux réussi, autrement dit, il aurait payé moins cher, s'il avait compris que la morale est nécessaire dans toute psychologie (y compris la psychologie thérapeutique) au lieu de faire à ce sujet une magistrale analyse des philosophes. En tout cas il a vue le problème et il eut raison d'y reconnaître un danger, surtout pour lui; mais il en fit un danger général, ce fut sa véritable erreur. De ce point de vue en tout cas, il est bien moins « philosophe », c'est-à-dire moraliste, que Freud par exemple, et, par suite, il est bien plus psychologue que ce dernier. Il est certain que son indépendance, si chèrement achetée, de toute profession et emploi, joue ici quelque peu. Il n'était pas un « thérapeute » ayant besoin d'une justification psychologique; il n'était pas même un « malade » cherchant aide, malgré toutes ses maladies. Il était lui-même, première condition nécessaire au psychologue; aussi fût-il le premier, et le seul, qui pût dire oui à la « mauvaise » volonté, qui la glorifiât même. Ce fut là sa véritable création psychologique. Il la paya, non de systèmes et de rationalisation scientifique, mais de souffrance personnelle et d'expérience.

L'œuvre de Nietzsche est donc celle-ci : s'appuyant sur la grandiose découverte de la volonté, par Schopenhauer, *il a séparé la volonté du problème de la culpabilité* (la morale). Il n'a pas résolu complètement le problème; il ne le pouvait, parce que l'expérience analytique était pour cela nécessaire. Je n'entends pas les expériences cliniques de l'analyste; mais, et surtout, l'expérience qu'a l'humanité de la psychanalyse. Nietzsche réagit par l'affirmation de la volonté à la négation dans le système de Schopenhauer; de même la théorie de Freud, est, elle aussi, contre Nietzsche, comme un retour à un pessimisme et un nihilisme presque schopenhaueriens. Je ne doute pas que ma psychologie de la volonté, issue de mon expérience personnelle, ne soit, à son tour, une réponse à la conceptien freudienne de la volonté mauvaise; j'essaierai par la suite, de montrer que toute l'histoire de l'humanité est, dans l'individu et dans l'espèce, une succession d'actions et de réactions volontaires, d'affirmations et de négations. En outre, je montrerai, dans l'évolution historique de ce conflit de la volonté ainsi que dans ses manifestations individuelles qu'il ne s'agit pas ici non plus d'une simple répétition selon le pessimisme freudien, mais qu'on est en présence d'une évolution constante en rapport avec l'élargissement de notre conscience et le développement de notre conscience du moi. La théorie de Freud n'est pas une « répétition » de la théorie, très proche parente, de Schopenhauer; ma psychologie de la volonté n'est pas davantage une répétition de la « volonté de puissance » de Nietzsche, par laquelle il introduisait clandestinement, en somme, une échelle des valeurs dans la psychologie. Ces comparaisons n'ont d'autre but que de mettre en relief un élément commun de l'expérience psychologique qui détermine nécessairement ces réactions. C'est lui, précisément, qui forme le sujet de notre étude.

En soi, la volonté n'est ni si « mauvaise » que la croit, avec le vieux Testament, l'antisémite Schopenhauer, ni si « bonne » que le malade Nietzche la voudrait voir, dans la glorification qu'il en fait. Elle est un fait psychologique et le vrai problème de la psychologie est le suivant : premièrement d'où vient-elle et comment s'est-elle développée dans l'homme ? puis, ensuite, pourquoi devons-nous ou bien la condamner comme « mauvaise », ou la justifier comme « bonne », au lieu d'en reconnaître et d'en affirmer le caractère nécessaire ? La première question, épistémologique, de l'origine et de l'importance psychologique de la volonté éclairera la deuxième, qui est morale; mais en y répondant, nous devrons nous garder d'introduire des jugements de valeur, tant que nous n'en connaîtrons pas l'origine psychologique. Cela veut dire que nous devons éviter aussi dans la psychologie les points de vue thérapeutique, celui de Freud, ou pédagogique, celui d'Adler, ou éthique, celui de Jung; sinon, nous tomberions dans la même erreur capitale. Nous savons déjà que la thérapeutique doit justifier la volonté; le malade n'a-t-il pas échoué dans la négation qu'il en fait donc, à cause du sentiment de culpabilité ? Sa recherche de l'aide est précisément l'expression de ce conflit de sa volonté. La volonté est mauvaise dans la pédagogie; il n'est point besoin de le démontrer, car la pédagogie est, de toute évidence, une briseuse de volonté, comme la morale en est la limitation, et la thérapeutique, la justification.

Il faut éviter d'introduire dans la psychologie des éléments thérapeutiques, donc des appréciations morales; avant d'esquisser une « philosophie du psychique », je dois m'expliquer davantage à ce sujet. Bien que ma psychologie de la volonté ne soit pas née de mes seules expériences analytiques, mais aussi de mes études philosophiques, pédagogiques, religieuses et culturelles, je ne veux cependant pas nier que ce furent surtout des expériences analytiques qui me permirent de cristalliser en un événement psychique unique ces divers éléments de valeur inégale. Si je me propose d'exposer ailleurs ces expériences ce n'est pas que la place me manque; des raisons spéciales m'y obligent : je ne voudrais pas mêler deux points de vue qui représentent deux conceptions différentes du monde. Cette dissociation extérieure cependant ne serait pas une garantie absolue de la séparation intérieure; si mon travail d'analyste ne m'avait conduit, en même temps, à une technique qui s'efforce de s'écarter d'une thérapeutique à tendance moralopédagogique. Qu'est donc cette méthode, va-t-on demander, et quel est son but si ce n'est la rééducation, puisque la « guérison » de souffrances morales est, de toutes façons, impossible ? Nous répondrons d'un mot : c'est le *développement de soi* ! Autrement dit, l'homme doit devenir, par lui-même, ce qu'il est, et non se laisser modeler, par l'éducation ou la thérapeutique psychanalytique, comme c'est le cas aujourd'hui, en un bon citoyen qui accepte, sans protester, les idéals de tous et n'a pas de volonté personnelle. Telle est en effet, Keyserling le remarquait judicieusement, l'intention avouée de la cure pédagogique nivelante d'Adler, - et Prinzhorn a su le voir - l'intention inavouée, mais claire, de Freud et de sa psychanalyse, extrêmement conservatrice, sous ses allures révolutionnaires. Si l'on comprenait, si peu que ce fût, la psychologie de la volonté, on saurait, du reste, que ce conservatisme est le meilleur moyen de susciter des révolutionnaires, des hommes de volonté; ils sont, il est vrai, le plus souvent, poussés dans la névrose, par le poids écrasant de la majorité, dès qu'ils cherchent à exprimer leur volonté. Non, l'homme qui souffre de l'oppression qu'exercent sur la volonté la pédagogie, la société et la morale, doit réapprendre a vouloir, et c'est en n'imposant pas (par la force) sa volonté que l'on se procurera la meilleure garantie contre les réactions excessives. L'homme doit réaliser en lui ce qu'il est, il doit le vouloir lui-même et le faire, sans contrainte, sans justification et sans éprouver le besoin d'en rejeter la responsabilité.

J'aurai l'occasion d'exposer ma façon de comprendre et d'appliquer la méthode qui conduit à ce but. Pour l'instant, je n'ai d'autre désir que d'expliquer comment et dans quelle mesure je puis utiliser mes expériences pratiques pour fonder ma psychologie de la volonté : elles ne sont pas « thérapeutiques », au sens moralopédagogique, mais constructives. Autrement il m'eût été impossible de comprendre le rôle immense et général de la psychologie de la volonté. Dans l'analyse freudienne, le malade est, pour ainsi dire, mesuré selon une échelle minima, comme un myope par l'oculiste qui cherche à corriger la vue. Cette échelle, ce sont les fantômes effrayants des complexes d'Oedipe et de castration avec, comme accessoires, toutes les tendances sadistes, cannibales et narcissiques. A cette mesure, l'homme civilisé d'aujourd'hui se sent évidemment meilleur que le « pire » des sauvages, en aucun cas plus mauvais, et c'est ce qui justifie la thérapeutique. Qu'on ne se méprenne pas ! Je ne songe pas plus à en rire que de l'utile profession d'oculiste ou de la vue normale de mon chauffeur. Mais si un peintre myope peint mieux sans lunettes, ne serait-il pas insensé de l'habituer à en porter, sous prétexte qu'il verrait alors aussi bien que son voisin le banquier ? Il est aussi insensé de vouloir éduquer un homme, dont le développement de soi est entravé, en s'appuyant sur le complexe d'Oedipe, auquel il cherche précisément à échapper. On peut, certes, obtenir des guérisons à l'aide de ce décalogue mythologique en guise de formule de confession; mais encore faut-il savoir où l'on va, non par un amour fanatique de l'honnêteté, mais pour agir vraiment au mieux. De plus, il faut être prêt à avouer que cette thérapeutique prend pour fondement la morale judéo-chrétienne qu'elle cherche à conserver; or, ce sont justement les hommes qui l'ont dépassée qui forment le contingent principal de névrosés; on ne peut donc les guérir au moyen de la morale dont ils souffrent. La valeur thérapeutique du complexe d'Oedipe vient de ce qu'il est une forme mythologique du quatrième commandement, dont on retrouve peut-être un écho dans la légende grecque d'Oedipe, mais qui n'en exprime pas la signification, comme je vais le montrer.

Ainsi que je l'avais indiqué dans ma « Psychologie génétique », le complexe d'Oedipe ne peut traduire, psychologiquement, autre chose qu'un grand conflit de la volonté - évidemment pas le premier - entre l'individu qui grandit et la volonté contraire d'un code moral plusieurs fois millénaire que représentent les parents. Rien à dire contre ce code. Il doit bien avoir quelque valeur puisqu'il s'est maintenu et semble avoir pendant longtemps conservé avec lui l'humanité. L'enfant doit s'y soumettre, non parce que son devoir est de laisser son père en vie et de ne pas épouser sa mère, mais parce qu'il ne faut pas qu'il s'imagine pouvoir faire tout ce qu'il veut, pour qu'il ne s'avise même pas de le vouloir. Mais il y a encore une autre raison qui nous oblige à respecter ce code moral du vieux testament, contre lequel toute la haine des juifs est peut-être, au fond, dirigée. Il semble bien que c'est aux réactions qu'il a provoquées que nous devions tous les grands révolutionnaires de la pensée et de l'action, qui ont fait table rase du passé sous cette pression de milliers d'années, la volonté se renforce, s'entraîne, en cherchant, il est vrai, les voies et les déguisements les plus variés, pour se réaliser finalement et - ce but une fois atteint - se renier dans le sentiment de la culpabilité.

C'est ici qu'une thérapeutique constructive, pas nécessairement individuelle, pourrait apporter son aide. Il ne faudrait pas pourtant qu'elle ressemblât à la thérapie médicale normative comme celle qu'applique Freud, dans la situation analytique; n'interprète-t-il pas, en effet, comme « résistance », la contre-volonté du malade, née sous la pression autoritaire du médecin ? Voilà le piège moral, où tombe, sans retour, l'analyste, parce qu'il agit en médecin de la *société* et non de l'individu. En face de ce représentant de la volonté sociale, analogue aux parents, se dresse même chez le malade de très faible volonté, sa volonté personnelle, que le médecin interprète selon la sienne et dans le sens de ses idéaux sociaux et moraux, comme une « résistance », autrement dit comme quelque chose qu'il faut surmonter, briser, et non encourager et développer, ce qui supposerait non seulement de la compréhension, mais aussi du courage. Alors la thérapeutique individuelle dégénère en une éducation collective, fondée sur les conceptions traditionnelles de la morale judéo-chrétienne. Nous aurons à étudier ailleurs dans quelle mesure l'affranchissement de la volonté, tel qu'il est admis et recommandé par la pédagogie moderne, exerce une influence psychologique et dans quelle mesure cet affranchissement est justifié. Quoi qu'il en soit, il me paraît plus facile de corriger que de préserver ou éduquer, à cause de la tendance naturelle à la guérison de soi, à une hyperguérison (Ostwald); tandis que la tendance à l'autoéducation, si elle existe, est plus difficile à éveiller et à développer parce qu'elle a pour condition première l'acceptation par l'individu de sa propre volonté. Tel est le but que ma technique constructive, développée d'après des cas individuels, se propose d'élaborer en un principe d'individualisation. J'en remets l'exposé à plus tard; car il faut que le problème psychologique fondamental de la volonté et de la contrainte ait été d'abord reconnu et accepté.

II

CONNAÎTRE ET VIVRE

> Comme le poisson qui ne peut vivre hors des sombres abîmes.
> L'homme ne doit jamais aspirer à connaître l'essence de l'homme.
>
> LAO-TSE.

Nous voici revenus à notre point de départ : la maîtrise de la contrainte extérieure par la liberté intérieure de la volonté. Il nous faut maintenant, après ce retour néocopernicien à la volonté consciente comme centre de la psychologie – sinon de l'univers, - montrer comment nous nous représentons, à grands traits une philosophie du psychique. Et avant tout : qu'est-ce que la volonté ? Nous appelons volonté la pulsion élevée par la conscience jusqu'à la sphère du moi. Cette pulsion
bien que dirigée, et dominée, se manifeste librement au dedans de la personnalité (elle est donc créatrice, vers le dehors comme vers le dedans). Ce qui nous intéresse en premier lieu c'est son action intérieure, d'abord sur le « ça », la vie instinctive, ensuite sur les instances supérieures du sur-moi et les formations idéales du soi. Si la volonté créatrice représente la *manifestation* consciente de la pulsion - l'acte, au sens banal - le sentiment représente la *perception* consciente de la pulsion, autrement dit, la tonalité affective de quelque chose à vouloir. Dans les deux cas c'est la *qualité* de la conscience qui confère au phénomène sa véritable signification psychologique.

L'influence qu'exerce la conscience sur la formation de l'idéal du moi a, d'autre part, un double effet dans le domaine moral: l'un actif et l'autre passif, qui correspondent, dans la sphère psychique pure, à l'acte volontaire et à la perception du sentiment. Effet actif dans l'expression créatrice de l'idéal du moi tel qu'il apparaît dans l'œuvre; effet passif dans l'élaboration des normes déterminées de l'éthique, de l'esthétique, de la logique en vue de l'action créatrice, parce que, sans elle, il n'est aucune action possible. Bien plus ! Ces normes qualifient davantage le contenu de l'instinct pur, spécifié déjà par la qualité de la conscience; elles dépassent le contenu, atteignent le formel en prescrivant, pour ainsi dire, la seule forme possible dans laquelle tel individu déterminé peut réaliser et objectiver le contenu donné à la tendance impulsive. Bref, le moi détermine, sous *forme d'intérêts définis* (vouloir) dans la sphère de perception de la vie affective, les tendances élevées par la prise de conscience jusqu'à la sphère volontaire, et leur réalisation dans l'acte ou l'œuvre dépend des formes spirituelles, si l'on veut des catégories psychologiques, créées par la formation de l'idéal personnel. Tel est le schéma d'une *psychologie constructive de la volonté*, au centre de laquelle nous replaçons le moi conscient, avec tous ses anciens droits et ses privilèges nouvellement acquis.

Un pas seulement conduit de cette psychologie constructive à une considération plus vaste, que j'appelle « Philosophie du psychique », parce qu'elle embrasse non seulement le problème psychologique « de la volonté et de la contrainte », mais aussi le problème d'épistémologie critique « de la vérité et de la réalité », ensuite le problème moral « de création et de la culpabilité », et, finalement, le problème religieux « du bonheur et du salut ». Je crois qu'il est impossible de traiter, ou de comprendre, l'un sans l'autre. Car, au moment de toute activité, se manifeste un vouloir qui, a son tour, produit, avec une implacable, et jusqu'ici inexplicable, certitude, une réaction que la psychanalyse appelle le sentiment de culpabilité. Malgré tous ses efforts, ce sentiment est resté jusqu'ici une énigme; il a même conduit à des méprises et a dérouté, à mon avis, toute la psychologie - y compris la psychanalyse. Car ce sentiment de culpabilité, qui semble apparaître aussi inévitablement, dès que fonctionne le mécanisme psychique, que la chaleur de frottement dans la marche d'une machine, nous pousse à rationaliser nos motifs, à interpréter nos sentiments, à falsifier la vérité, à douter du droit de notre vouloir. Mais du moment que nous réintégrons la volonté dans ses droits psychologique, la psychologie tout entière devient *psychologie de la conscience,* ce qu'elle est évidemment. Et la « psychologie de l'inconscient » nous apparaît alors comme une des multiples tentatives de l'humanité pour nier la volonté, afin de rejeter la conscience de la responsabilité qui en découle. L'inévitable sentiment de culpabilité marque simplement l'échec de la tentative; il est, si l'on veut, un retour névrotique de la responsabilité reniée. Cette intronisation de la volonté consciente dans ses droits psychologiques n'est pas un retour en arrière qui nous éloignerait des connaissances psychanalytiques; c'est un progrès nécessaire qui le dépasse, qui renferme en lui la compréhension psychologique de la conception psychanalytique du monde.

Dans « *Le Moi et le Ça* », Freud décrit une étape d'évolution de notre vie psychique, qui peut avoir existé une fois (et qui reparaît peut-être, en une certaine mesure, dans le développement de l'enfant) : c'est le moment où, pour la première fois, le moi élève timidement la tête au-dessus du « ça » - peut-être même contre lui déjà - et se heurte aux instances morales du sur-moi, telles qu'elles sont extérieurement représentées par l'autorité des parents. Mais une voie longue et compliquée sépare le moment où le moi surgit du sein du « ça », de celui où cette conscience du moi atteint son apogée - dans la conscience de soi; et cette voie, Freud ne la suit pas; il ne la voit même pas, puisqu'il cherche toujours à interpréter l'individualité d'aujourd'hui d'après un stade antérieur. Or, depuis le temps où s'organisa la domination patriarcale - et malgré qu'elle existe encore en droit - le moi conscient de l'individu est devenu lui-même un tyran orgueilleux, qui - tel Napoléon - ne se contente pas du poste de général en chef ou de premier consul, et bientôt ne se contente plus du rôle d'empereur au milieu de rois, mais veut devenir le maître de l'univers tout entier. C'est là que gît l'inévitable tragique du moi et c'est de là que provient sa culpabilité.

Psychologiquement parlant, comme nous l'exposons dans notre esquisse d'une psychologie constructive, le moi devient peu à peu l'interprète et l'exécuteur conscient du moi impulsif; tant qu'il ne fut, ou ne put être, que cela, il ne rencontra point d'obstacle dans les normes éthiques : l'homme fut d'accord avec lui-même, comme il l'était avec la nature avant le développement du moi conscient. Le drame intime que nous appelons conflit et la culpabilité qui y est attachée nécessairement, n'apparaissent, dans notre vie profonde, qu'au moment ou à l'affirmation « *je veux* », vient s'ajouter une tendance contradictoire.

Cela s'accompagne d'une modification de la conscience ainsi que de la volonté. La conscience, originairement simple expression et instrument de la volonté, devient une force indépendante qui, non seulement peut étayer et renforcer la volonté par rationalisation, mais est en outre à même de l'inhiber en la niant.

D'autre part, la volonté, jusqu'alors simplement exécutrice, devient maintenant créatrice, d'abord sous forme négative, par négation. Le pas suivant, dont le but est de justifier et de maintenir cette négation, conduit déjà à la création positive de *ce qui doit être*, donc en s'appuyant sur la formation personnelle de l'idéal du moi, de ce qui est comme le moi le veut. En termes psychologiques : comme le moi veut le *ça*. Mais je crois que cet idéal propre du moi ne transforme pas seulement le ça mais qu'il est aussi conséquence d'un ça déjà influencé par la volonté propre.

Peut-être ces idées sembleront-elles à certains des jeux de mots. C'est une suspicion à laquelle sont en butte, on le sait, la plupart des discussions philosophiques, et aussi les formules psychologiques. Or le langage, qui est l'unique matériel des recherches psychologiques et des exposés philosophiques, est, à. bon droit, renommé pour sa profondeur philosophique à peu près inépuisable. Il me paraît certain que l'expression verbale elle-même est déjà une formule psychologique, peut-être même une interprétation. Au lieu d'une « Philosophie de la grammaire » à laquelle pourrait donner lieu l'opposition freudienne du « je » et du « ça », nous voulons illustrer au moyen de la langue imagée et plastique de la symbolique mytho-religieuse les idées formulées ici en termes psychologiques. Le noyau de toute tradition mythoreligieuse est l'orgueil et la chute tragique du héros, qui meurt de sa propre présomption et de la faute qui en découle. C'est là le mythe qui se déroule toujours à nouveau dans les divers stades de l'évolution humaine sous les deux aspects de l'individu qui veut et qui a conscience de soi. Le mythe des héros montre surtout l'homme qui veut; le mythe religieux, l'homme qui doit. Le mythe biblique du péché originel est une grandiose représentation du drame humain de l'inéluctable progrès de la conscience. Parce qu'il se croit semblable à Dieu dans son omniscience, par le fait même qu'il a une conscience, l'homme sort de la nature, il devient malheureux parce qu'il perd sa relation ingénue avec l'inconscience, la nature. Nous voyons ici pour la première fois - dans notre exposé, mais non dans l'histoire de l'humanité -, que l'inconscience, l'union avec la nature, sont salutaires, bienfaisantes et que la conscience est néfaste. Or c'est justement le contraire que prêche la psychanalyse - dans sa thérapeutique, car, dans sa théorie, il lui faut bien glorifier l'inconscient, pour décharger la conscience.

Je ne puis, à cette place, pénétrer plus avant dans la signification du mythe du péché originel. Je tiens cependant à expliquer en quoi il diffère du mythe des héros tel que nous le trouvons dans la Grèce classique. Là, l'homme, le héros, apparaît comme créateur, homme d'action; sa ressemblance avec Dieu s'exprime dans ses exploits; ainsi Prométhée qui prétend créer les hommes comme les Dieux. Le mythe biblique, au contraire, ne met pas cette ressemblance avec Dieu sur le plan de la création, mais sur celui de la connaissance, autrement dit, cette ressemblance est faite de savoir, de conscience de soi. L'opposition des deux mythes, religieux et héroïque, n'indique pas seulement une opposition de race, d'époque, de degré d'évolution différent; elle est en même temps, l'opposition de deux conceptions du monde ou mieux, de deux grands principes, que nous cherchons à condenser ici dans les deux termes de vivre et connaître. Le mythe des héros représente le vécu, l'acte, la volonté que toute conscience ne pourrait qu'entraver, ainsi qu'il est exprimé aussi dans la légende d'Oedipe (Voir plus loin, page 83). Mais le héros y trouve sa fin, inévitablement, puisque son ignorance nécessaire et voulue est précisément la condition de son acte. Le mythe religieux représente le savoir, la connaissance (de Dieu, donc de soi-même); ici la souffrance de l'homme vient de ce que la connaissance de soi empêche l'action naïve, l'entrave, tourmente l'homme sans lui procurer ni la satisfaction, ni la libération que donne l'actions, qu'il ne peut plus entreprendre, parce que, déjà, il pense, il sait trop. C'est alors que l'homme aspire au retour à l'inconscience naïve, source du salut, maudissant le savoir si chèrement acheté. La morale du mythe héroïque affirme que si l'on avait compris l'orgueil de sa propre volonté, on aurait pu éviter la chute - ce qui n'est pas exact - mais en tout cas, il fait du savoir la source du salut et du vouloir fort et actif, une fatalité.

On voit ici encore qu'il ne peut davantage y avoir de critérium du bien et du mal qu'il n'y a de critère absolu du vrai ou du faux, puisqu'ils alternent l'un avec l'autre. Le problème psychologique qui s'impose à nous une fois le mythe compris, est, selon moi, le problème *originel* (*fondamental*) de toute psychologie, que je voudrais formuler ainsi : pourquoi faut-il donc toujours considérer comme mauvais ou faux un aspect quelconque et, par suite, comme bon ou juste l'autre aspect ? Ce problème psychologique originel, on ne peut le résoudre en disant que nous nous comportons ainsi parce que cette tradition nous a été transmise par nos parents, qui eux-mêmes la tenaient des leurs, et ainsi de suite jusqu'au couple primitif. C'est l'explication que donne la Bible, et aussi Freud dans son hypothèse de la horde primitive. Notre éthique individuelle ne s'explique pas par l'histoire, mais par la psychologie. Elle n'est pas la somme des morales accumulées au cours de milliers d'années; elle n'aurait d'ailleurs pas pu se transmettre pendant des siècles, s'il n'y eût eu, dans l'individu même, quelque chose qui correspondît à cette morale; c'est ce qui a été reconnu par tous les grands penseurs et magistralement exposé par Kant. En tout cas ce n'est que de l'individu, et non de l'espèce et son histoire, que nous pouvons espérer une réponse. Ce problème premier apparaît aussi dans toute mythologie et dans toute religion qui part de lui pour expliquer et comprendre comment le mal, le péché, la culpabilité, naquirent au monde ou, en langage psychologique, pourquoi nous sommes contraints de former en nous ces concepts. Toutes répondent finalement à cette question en disant que la volonté consciente, le vouloir humain, opposé à l'être naturel, est la source du mal originel, que nous appelons, en psychologie, le sentiment de culpabilité. Dans les systèmes religieux de l'Orient, c'est la notion du mal;

pour les Juifs, celle du péché, dans le christianisme, celle de culpabilité. Cette métamorphose tient au développement de la volonté consciente, dont nous avons vu que la première manifestation était un reniement, une négation. À cause de son origine négative la volonté est toujours mauvaise, comme par exemple chez Schopenhauer, qui remonte aux doctrines orientales correspondantes.

La notion de péché concerne, selon l'exposé biblique, le degré suivant de développement où la volonté s'affirme avec une opiniâtreté consciente, autrement dit, où le savoir marque le début de l'orgueil. Enfin la notion chrétienne de culpabilité qui nous domine encore autant que la notion juive de péché, marque la réaction contre les tendances créatrices positives de la volonté de l'homme, contre sa prétention d'être non seulement omniscient, *semblable à dieu*, mais lui-même *dieu* créateur.

On pourrait être tenté de rappeler ici le « complexe paternel » de Freud, et de faire dériver cette volonté créatrice du complexe d'Oedipe. Mais cela n'expliquerait pas l'acte spécifique de création; c'est là une faiblesse de la conception psychanalytique, que Freud a comprise. Pour Freud, ce que nous appelons volonté s'épuise, ' pour ainsi dire, dans des identifications avec le père, dans le désir de prendre sa place. Cette conception nous semble n'être qu'une négation de sa propre volonté que l'on attribue au père (identification) ou Dieu. Pour Adler, au contraire, à franchement parler, la volonté, ce n'est pas l'identification au père, c'est la protestation contre le père, le vouloir-autre-chose, et ce n'est encore qu'un mode d'interprétation - exact certes - mais unilatéral. Or la volonté est les deux à la fois, ou mieux, elle n'est ni l'un ni l'autre, elle est positive et négative, volonté et contre-volonté dans le même individu, au même moment, comme je l'avais exposé dans l'*Artiste*. A un certain stade de développement la volonté se projette sur le père, s'objective en lui, parce qu'il représente une volonté forte, parce qu'il en est, en réalité, un symbole ou qu'il représente une résistance contre elle. Le problème proprement dit gît en l'homme même c'est-à-dire non seulement par delà l'identification, mais aussi par delà le biologique, et le sentiment de culpabilité provient non seulement de la volonté de prendre la place du père, alors qu'on ne le doit pas faire, mais aussi de ce que, conformément à l'évolution, on doit devenir père, créateur, et qu'on ne le veut pas. Le problème psychologique essentiel est donc le suivant : d'où proviennent, d'une part, le « Je ne dois pas » et, d'autre part, le « Je ne veux pas » ?

Le père n'est pas le prototype du vouloir, il n'en est que la représentation - même pas la première. De même, Dieu n'est pas seulement un père grandi, comme le veut Freud, il est un *idéal*, créé à notre *image*, bref, *une projection du moi qui veut consciemment.* Cette justification religieuse acquiert un caractère beaucoup plus grandiose parce que le père réel, faible représentant de cette volonté, n'est pas pris en considération et ne trouble pas, si l'on peut dire, la merveille de la projection du moi. Le père n'est donc qu'une première personnification modeste du vouloir conscient, qui bientôt ne se contente pas de cette représentation réelle, et dont le degré prochain de développement, plus superbe encore, est symbolisé par le Dieu créateur tout puissant et omniscient. Dans les mythes *religieux*, la volonté créatrice personnelle est personnifiée en *dieu*, et l'homme se sent coupable dès qu'il a la prétention d'être son égal, c'est-à-dire de s'attribuer à lui-même cette volonté. Dans les mythes *héroïques*, au contraire, l'homme apparaît lui-même sous l'aspect créateur et c'est dieu, c'est-à-dire sa propre volonté, qui porte la responsabilité de sa souffrance et de sa chute. Ce ne sont là que des phénomènes extrêmes de réaction de l'homme qui oscille entre la ressemblance à la divinité et son néant, dont la volonté s'est éveillée à la connaissance de sa puissance et dont la conscience le fait frissonner en présence d'elle. Seulement, le mythe des héros essaie de justifier la volonté créatrice en magnifiant ses résultats, tandis que la religion rappelle à l'homme qu'il n'est qu'une créature soumise aux puissances cosmiques. Ainsi la volonté créatrice produit automatiquement comme réaction la culpabilité aussi sûrement que l'arrogance du maniaque est suivie d'une dépression humiliante. En un mot volonté et culpabilité sont deux aspects complémentaires d'un seul et même phénomène, ainsi que Schopenhauer l'a senti et compris le plus profondément parmi les modernes à l'aide des doctrines hindoues. Il en résulte qu'une philosophie de la volonté doit être ou bien profondément pessimiste si elle met l'accent sur la culpabilité, ou bien profondément optimiste comme celle de Nietzsche si elle affirme la puissance créatrice de la volonté.

Dans la psychanalyse, les deux aspects subsistent côte à côte, non en une harmonieuse union, mais sous l'apparence d'une de ses multiples contradictions inconciliables. Comme thérapeutique, l'analyse est optimiste, croit même à l'existence du bien dans l'homme et à une sorte d'aptitude au salut et à la possibilité de l'atteindre. Dans la théorie elle est pessimiste : l'homme n'a ni volonté, ni puissance créatrice; il est poussé par le ça, inhibé par les autorités du sur-moi, il est esclave et pourtant coupable. Contradiction si évidente qu'on ne peut que s'étonner qu'elle ait été possible. Il faut bien reconnaître en elle un problème psychologique qui dépasse de beaucoup une critique de la psychanalyse. La notion de culpabilité ou de péché suppose la volonté libre, comme le jour suppose la nuit. Quand il n'existerait même aucune des multiples preuves de la liberté intérieure du vouloir conscient, le fait que l'homme a conscience de la culpabilité suffirait pour mettre tout-à-fait hors de doute la liberté de la volonté, comme nous l'entendons psychologiquement. L'homme, disons-nous, réagit comme s'il était coupable; or il le fait parce qu'il est psychologiquement coupable, parce qu'il se sent responsable; aussi n'est-il pas de psychanalyse au monde qui puisse escamoter ce sentiment de faute en recourant à des complexes aussi archaïques qu'on voudra. Il faut, de plus, non seulement permettre à l'individu de vouloir mais le pousser à une volonté autonome pour donner au moins une justification constructive au sentiment de culpabilité auquel il ne saurait échapper. Ce qui ne doit être fait ni par rationalisation de nature religieuse, pédagogique ou thérapeutique, mais par le travail créateur personnel, par l'action même.

Nous pouvons dire ici d'où provient, au fond, le sentiment de culpabilité, ce qu'il signifie. Nous avons confronté plus haut volonté et conscience et nous avons vu que l'on interprète tantôt l'une tantôt l'autre comme « mauvaise » ou « fausse », selon qu'est mis au premier plan l'aspect *vécu* ou l'aspect *connu*, ce qui dépend d'autre part de la prédominance momentanée d'une sphère sur l'autre. Dans la perception consciente des phénomènes de volonté, l'aspect connaissance se trouve accentué tandis que le contenu actuel du vouloir est l'aspect vie. Ce n'est qu'à partir du moment où l'appréciation morale « défavorable », qui vient du dehors gêner l'individu dans les événements de son enfance, se trouve *transférée du contenu du vouloir sur la volonté elle-même*, que surgit, du conflit externe de volonté, le conflit éthique interne qui aboutit, par reniement de la volonté personnelle, au sentiment de culpabilité. Ce sentiment est aussi déterminé par l'aspect volontaire et cette double origine en fait une force d'une insurmontable résistance. Car c'est contre cette suprématie de la conscience qui dresse elle-même les normes éthiques du « juste » et de l' « injuste » (non pas les règles morales du bien et du mal) pour l'individu, que réagit la volonté en condamnant la conscience qu'elle sent être une entrave; et c'est là ce que nous découvrons comme sentiment de culpabilité. Ainsi *le sentiment de culpabilité est une simple conséquence de la conscience ou, plus exactement, il est la conscience qu'a l'individu de son vouloir*. La signification du péché originel n'est-elle pas : le savoir est péché, la connaissance crée la culpabilité ? La conscience, qui par ses normes éthiques, inhibe la volonté est perçue par cette dernière comme aussi mauvaise que la volonté personnelle par la conscience et cette inhibition réciproque de la volonté et de la conscience se manifeste en nous sous forme de sentiment de culpabilité. Ce dernier est donc, en somme, une conséquence de la conscience hypertrophiée de soi; il est même au fond, cette conscience dans son aboutissement le plus funeste : la conscience morale. Nous ne pourrons nous occuper ici des diverses possibilités d'inhibition de la conscience, d'une part et, d'autre part, de paralysie de la volonté, bien que les formes et degrés différents des réactions névrotiques les rendent compréhensibles. Ce qui importe ici, c'est de reconnaître que le type « névrotique » ne représente pas une forme de maladie, mais le type individualiste de notre époque, chez qui la série des notions : mal, péché, culpabilité a fini par se développer en une conscience angoissante de cette relation.

Le type névrotique de notre époque, que nous ne rencontrons pas seulement dans la clientèle du psychiatre ou dans les consultations du psychanalyste, n'est donc rien d'autre que la continuation du type négatif d'homme qui a existé tant que notre âme a été en proie au conflit de la volonté, et dont il montre, développé à l'extrême, l'un des aspects. C'est l'homme chez qui se manifeste une volonté aussi forte que chez l'actif créateur avec cette différence que, chez l'homme souffrant qu'est le névrotique, cette volonté apparaît dans sa qualité première négative de contre-volonté et qu'au même instant la connaissance consciente la perçoit sous forme de sentiment de culpabilité. Ceux que l'on appelle névrosés ne forment donc pas une classe de malades dont la société doive chercher à hâter la guérison; ils représentent simplement une exagération extrême du type humain d'aujourd'hui, leur guérison - individuelle et sociale - ne se peut obtenir que d'une seule manière, toujours la même : sous forme de thérapeutique individuelle, de réforme générale de l'éducation ou enfin au moyen d'une *Weltanschauung* reposant sur la connaissance de ce que nous venons de décrire. Car une conception du monde est toujours indispensable à la thérapeutique individuelle ou sociale, et plus on se regimbe contre cette hypothèse moins on a de chance de découvrir une base solide en vue de réformes éducatrices ou de succès thérapeutiques. Bien plus ! On est surpris de la facilité avec laquelle on les atteint sans grande peine, quand on ne cherche point à transformer l'homme, mais qu'on l'autorise à être ce qu'il est, sans qu'il se sente, pour cela, coupable ou inférieur. Le névrosé - nous le sommes tous à un certain degré - souffre précisément de ce qu'il ne s'accepte pas lui-même, de ce qu'il ne peut pas se supporter, pourrait-on dire; il se voudrait autre. C'est pourquoi la théraeutique ne peut être corrective, mais bien affirmative; elle doit faire d'un être humain négatif, souffrant de sa culpabilité, un être positif, volontaire et actif. Cet être a toujours existé lui aussi, bien que sa vie psychique se soit toujours compliquée et endolorie au fur et à mesure du renforcement de la conscience.

Nous sommes donc des êtres humains que leur conscience, leur trop grande connaissance de soi, a toujours gênés ou entravés dans leur vie, type dont Shakespeare a magistralement décrit la psychologie dans Hamlet, mais qui n'a été totalement compris qu'à notre époque, qui en produit en abondance. Nous ne devons pas oublier cependant que la connaissance a aussi un aspect créateur, comme l'a montré, par exemple, Shakespeare lui-même, en créant le type d'Hamlet. Car il est évident qu'il était, lui aussi, Hamlet, ce qui ne l'empêcha pas – et c'est en quoi il diffère de son héros - de trouver en ce conflit une force créatrice, au lieu de n'y rencontrer que des entraves. Donc, quand elle pousse à la création, *la connaissance* peut aussi remplacer le vécu, en est *même une forme.* Elle est alors une victoire intime de la volonté, si l'on peut s'exprimer ainsi, et non une victoire extérieure; elle est victoire de la volonté, bien que l'individu doive la payer cher. Le héros actif, qui représente la force consciente de la volonté, peut agir parce qu'il ne connaît que sa volonté, dont il ignore l'origine et les motifs; c'est précisément ce qui cause sa perte, car il ne peut prévoir les conséquences de ses actes. L'homme passif qui souffre ne peut agir parce que la conscience qu'il a de soi entrave la volonté, ce qui se traduit par le sentiment de culpabilité avant l'action. Le type créateur spirituel, que j'ai appelé « artiste », vit dans un continuel conflit entre ses deux extrêmes. Il le résout - pour lui et pour les autres - en transposant en connaissance l'affirmation de la volonté; en d'autres termes, il manifeste spirituellement sa volonté et transpose en formation d'idéal éthique, l'inévitable sentiment de culpabilité qui l'éperonne vers un développement plus haut de soi et le rend capable d'être de plus en plus sublime.

III

VÉRITÉ ET RÉALITÉ

« L'erreur seule est la vie et le savoir est la mort. »

SCHILLER.

Dans le précédent chapitre, nous avons examiné le contraste entre connaître et vivre, développement de la conscience qui, d'outil de la volonté, devient la tourmentante conscience qu'a de soi l'individu moderne. Donc la connaissance, entendue comme connaissance de soi, conduit finalement à une perception constante de soi qui, toujours présente aussi dans l'événement vécu, - le trouble sensiblement quand elle ne l'entrave pas. À ce développement de la conscience en auto-inhibition névrotique de l'événement, correspond le développement graduel de la névrose, d'abord problème de la volonté, en un problème de la conscience. Si d'abord la volonté était mauvaise et sa négation cause de toutes les souffrances, maintenant c'est le savoir conscient de nous-mêmes et de nos problèmes, en d'autres termes, la découverte de ce processus de négation, qui est le mal, le péché, la faute.

Le problème de la conscience présente cependant un autre aspect, opposé à ce passage à la torturante conscience de soi : c'est celui de la *conscience, source de plaisir*. Outil primitif de la volonté et instrument de sa réalisation ou de sa justification, la conscience est une source de plaisir au même titre que la réussite de la volonté. La conscience qui dit oui à la volonté, qui approuve sa réalisation est la *source du plaisir en soi*. Dans cette acception psychologique, plaisir et peine ne sont que deux aspects conscients différents des phénomènes de volonté. *La réussite de la volonté, qui se manifeste dans le vécu, la conscience de cette réussite dans l'événement, tel est le mécanisme du sentiment de plaisir* que nous appelons *bonheur*. C'est, en quelque sorte, une jouissance double, dédoublée; dans la réalisation de l'acte volontaire d'abord, et, en même temps, dans le miroir réfléchissant de la conscience qui dit oui une fois encore à cette réalisation. Ce n'est qu'une fois que la conscience s'est mise au service de la contre-volonté, donc lorsqu'elle se manifeste en refoulement et en reniement, que nous éprouvons la peine; de la rencontre du sentiment de peine et de la conscience simultanée que nous en avons, vient le sentiment de douleur, contraire au bonheur, qui est aussi un phénomène réflexe de la conscience. Ces réactions se rapportent à l'attitude *présente* de la conscience vis-à-vis de la manifestation volontaire révélée dans l'acte. La connaissance, au contraire, est plutôt un processus historique, qui suit le vivre et le sentir souvent presque sans intervalle. La connaissance sépare la conscience de ce qui est vécu; elle est elle-même une conséquence de cette séparation et tend à conserver ce qui fait plaisir, à en garder le souvenir, à renier et à oublier ce qui est déplaisant.

Pourquoi la réussite n'est-elle jamais totale ? C'est le problème non seulement de la névrose, mais de toute souffrance humaine. En d'autres termes, comment se fait-il que la conscience, d'abord organe de plaisir au service de la réalisation de la volonté, puisse devenir, par suite de la négation de la volonté, un organe de douleur ? La cause en est, je crois, à ce que la conscience possède, dès l'origine, un aspect négatif, tout comme la volonté. Le côté négatif de la conscience, c'est sa *liaison au réel*, de même que c'est l'existence de la volonté d'autrui qui fait naître la contre-volonté. Originairement la conscience, grâce aux organes des sons, nous met en relation avec la réalité; donc elle possède, comme elle, l'aptitude à créer la douleur. Autrement dit, la conscience, c'est la réalité intériorisée que nous éprouvons douloureusement pendant le temps et dans la mesure où la volonté est incapable de la plier à son service, de la soumettre, comme elle s'efforce de le faire avec la réalité extérieure. En ce sens tout ce qui s'oppose à notre volonté comme un obstacle est réel, qu'il s'agisse de réalité extérieure ou de la réalité intérieure de la conscience.

La sphère dans laquelle se déroulent tous ces phénomènes de volonté et de conscience que sont les plaisirs et les douleurs que nous éprouvons ou les phénomènes psychiques du bonheur et de la souffrance, c'est la sphère affective, aussi voisine du vouloir que de la conscience, et en laquelle se heurtent et se confondent toutes ces tendances. Aussi la vie affective représente-t-elle la plus puissante force intérieure. Elle est aussi plus forte que la tendance sexuelle qu'on peut toujours dompter, et satisfaire de quelque manière. Il n'en est pas de même de la vie affective, impossible à dominer et à satisfaire, dont l'essence même réside en ces deux impossibilités.

Considérons d'abord quel est le rapport de la vie affective avec la sphère de la volonté : nous constatons qu'il est double. Tout ce que nous appelons sentiment au sens étroit du mot, amour, reconnaissance, nostalgie, tendresse, amollit et brise en définitive, la volonté. Non seulement le sentiment soumet notre volonté à celle d'autrui, il est lui-même un fléchissement de la volonté, une sorte de soumission personnelle à notre fierté. Quand nous voulons nous défendre de ce fléchissement, nous éprouvons de la honte; son affirmation prend la forme de l'amour, son reniement, celle de la haine (endurcissement de la volonté). Nous touchons ainsi le deuxième côté du rapport entre la volonté et la vie sentimentale : les *affects*. Par ce terme nous comprenons une forme de résistance au sentiment, qui, bien que passif, est en quelque sorte ramené à la sphère volontaire. Colère, dépit, haine, sont des confirmations, des exagérations de toute notre volonté négative qui se met en garde contre l'amollissement sentimental imminent, en faisant entrer le sentiment dans la sphère volontaire. D'autre part, la volonté, qui affirme le sentiment, ou mieux encore qui se dissout en lui, aboutit non seulement à la soumission à autrui, mais également à ce que nous appelons l'abandon, sorte de détente de la volonté qui rend heureux.

Les relations de la vie affective avec la vie sexuelle, dont on a tant parlé sans les avoir jamais comprises, nous les étudierons au chapitre : « Bonheur et délivrance » et nous porterons maintenant notre attention vers les rapports entre la sphère affective et la conscience. De l'affermissement de la conscience manifesté dans l'affect, nous dirons seulement qu'il subjugue momentanément la volonté pour l'obliger ensuite à justifier la manifestation affective. Quand cela ne réussit pas, le sentiment, renié d'abord, reparaît bientôt dans la réaction du repentir, qui peut briser complètement la volonté. L'influence du sentiment, phénomène volontaire, sur la sphère de la conscience, apparaît là où la volonté renie la mollesse sentimentale, sans cependant la pousser jusqu'à sa totale négatien : l'affect. Il est vrai que cette négation ne reste pas sans influence sur la sphère sentimentale, puisqu'elle s'y traduit par la transmutation des sentiments positifs (amour) en un sentiment de culpabilité, résultat encore une fois d'un échec du reniement. Son influence sur la conscience est de plus variée et a de plus graves conséquences; elle s'exerce à la fois sur tous nos actes et sur notre pensée. Nous sommes ainsi ramenés au thème : Vérité et réalité.

Tout cela tient de la nature primitive du reniement, tentative pour opposer à la *réalité* pénible l'affirmation de sa volonté. Bientôt cependant le mécanisme de reniement est employé intérieurement; il se manifeste alors dans le domaine sentimental, par l'affectivité, dans le domaine de la conscience, par le refoulement. En deuxième lieu, en découlent tous les processus mentaux connus sous les noms de déformation, rationalisation, justification et doute. Le refoulement, je l'ai expliqué ailleurs, c'est le reniement poursuivi jusqu'à la pensée consciente ; il apparaît lorsque l'individu prend conscience du reniement sentimental et veut désormais refouler le *contenu* du souvenir, pour se débarrasser du sentiment, issu pourtant du domaine de la volonté. Ce refoulement peut donc ne pas réussir du tout, ou ne réussir qu'en partie; dans ce cas, c'est le doute qui met en question la réalité du pensé, donc la vérité puisqu'il ne peut ni la refouler consciemment, ni la renier sentimentalement. Le doute est donc originairement destiné à ébranler la vérité, il est le représentant intellectuel du reniement, et ce n'est qu'en deuxième lieu qu'il conduit à la recherche ardue de la vérité et de la certitude. Et c'est toujours l'ancien duel que nous retrouvons, aussi implacable, aussi opiniâtre que le conflit primitif de la volonté, avec cette différence qu'il a passé du domaine de la volonté et du sentiment à celui de la conscience. Aussi le doute résiste-t-il à tous les arguments puisque c'est la vérité qu'il repousse, de même que les arguments sont sans effet sur la contre-volonté, dont le doute n'est que la manifestation intellectuelle.

Si le doute représente la contre-volonté consciente, *la vérité est le représentant intellectuel de la volonté.* On pourrait dire grosso modo : le vrai, c'est ce que je veux, c'est-à-dire : ce que j'élève au rang de vérité, ou, en langage banal, ce que je veux croire. Il ne s'agit pas ici non plus du contenu ; il ne s'agit pas de décider ce qu'est la vérité, mais de savoir ce qui est vérité. Ainsi posé, le problème contient en soi sa solution, comme la réponse laconique de Pilate à la prétention de Jésus de révéler la vérité ? Or la vérité n'est pas seulement une notion subjective et, par suite, un problème psychologique; elle est aussi, comme son pendant le doute, dont on le savait depuis longtemps, un sentiment. Ni l'un ni l'autre n'ont rien à faire avec le réel, si ce n'est qu'ils lui sont tous deux opposés : la vérité, c'est ce que je crois, ce que j'affirme; le doute est reniement, négation.

La réalité qui, par les organes de nos sens, pénètre dans notre conscience, ne peut nous influencer qu'en passant par le détour de notre vie affective; c'est elle qui en fait une vérité ou une non-vérité. Dans l'interaction entre volonté et conscience, qui se manifeste dans la vie affective, nous trouvons que chaque domaine exerce sur l'autre une continuelle influence. La *conscience sensorielle pure* n'est déjà pas uniquement réceptive; elle est dirigée et entravée par la volonté. L'on ne voit et n'entend, chacun le sait, que ce que l'on veut; non ce qui est. Ce qui est, il faut d'abord l'apprendre, en surmontant la tendance à renier tout ce que l'on ne veut pas voir, entendre ou percevoir. L'influence de la volonté sur la *conscience réfléchie* est encore plus nette, car la pensée logique, causale, est l'expression positive de la volonté de dominer le rêve et non pas seulement d'écarter ce qu'il a de pénible. Le troisième degré, *la conscience créatrice, ou imagination*, est l'expression positive de la contre volonté qui dit non seulement : je ne veux pas percevoir ce qui est, *mais* je veux que cela soit autrement, comme je veux ! Et cela, cela seul est vérité !

La vérité est donc le phénomène conscient d'accompagnement, l'affirmation du succès constructeur et créateur de la volonté; elle est, dans le domaine intellectuel, analogue à la sensation de plaisir, éprouvée au moment de l'affirmation de la volonté. C'est pourquoi la vérité procure du plaisir intellectuel, comme le doute cause du désagrément. Comme sentiment positif vécu, la vérité signifie : il est bon, il est juste, il est agréable de vouloir. C'est donc le vouloir même dont l'affirmation procure l'agrément intellectuel. Si nous ne reconnaissons point la nature psychologique de la vérité, si nous la plaçons, pour ainsi dire, en dehors de toute psychologie, si nous en faisons même un critérium de cette dernière, c'est à cause du *contenu* que nous lui donnons. Si nous agissions autrement, nous verrions se fermer la dernière issue intellectuelle pour justifier notre vouloir qui est ici vouloir de la vérité, aspiration au savoir qui devra mettre fin au doute. Et nous sommes de nouveau dans l'impossibilité de jouir du plaisir pur de la recherche du vrai; car il est l'expression de notre volonté, et, même sur le terrain de la connaissance et de la connaissance de soi, celle-ci a besoin encore du contenu d'une vérité générale valable pour tous, afin de renier sa propre vérité, sa propre individualité. Nous touchons ici au phénomène le plus paradoxal de l'esprit humain, et sa compréhension marque le résultat le plus important de ma théorie relativiste de la connaissance. Il concerne la loi du développement progressif de notre connaissance psychologique générale. Ce développement ne se fait pas, comme le pensent les « pédagogues », par simple transmission et propagation des connaissances acquises à un moment donné, en vertu de quoi le successeur sait davantage et voit mieux. Non ! S'il sait davantage, *il sait aussi autrement, parce qu'il est lui-même autre.* Et ce fait d'être autre tient au développement continuellement en progrès de notre conscience qui modifie l'individualité tout entière parce que c'est elle qui la forme. Cet *autre* savoir sur nous-mêmes, sur nos propres processus psychiques, n'est en somme qu'une *nouvelle interprétation de nous-mêmes,* au moyen de laquelle nous nous détachons de l'ancien, de la tradition, du passé, surtout du nôtre. Les individualités créatrices ne représentent donc, dans la connaissance « progressive », que le progrès de la connaissance de soi qu'accomplit la conscience accrue qui s'y manifeste. Et c'est dans ce sens seul que leur vérité subjective peut avoir la valeur de la vérité objective, mais nullement par rapport à un contenu *extrapsychologique* quelconque attribué au *sentiment* du vrai qui ne peut que transformer en « conviction » l'affirmation positive du vouloir.

Cette séparation du contenu de la vérité et du sentiment du vrai dévoile à nos yeux toute l'importance, non seulement psychologique et épistémologique, mais aussi pratique du problème de la vérité et de la réalité. La « réalité psychique » proprement dite, c'est le sentiment et non la pensée, ce n'est pas non plus nécessairement l'action à moins qu'elle ne découle du sentiment et d'accord avec lui. Mais ce cas est très rare parce que le plus souvent, la volonté ne le permet pas et se réserve la suprématie sur la sphère de l'action. L'action a donc lieu soit sous l'influence d'une pensée consciente dirigée par la volonté, soit dans un état d'émotion. Voici ce qui se passe le plus souvent : Notre vie psychique, aussi bien dans les domaines de la pensée que de l'action, est dominée par la volonté négative sous la forme du reniement qui se manifeste surtout dans nos rapports avec autrui. Nous nous illusionnons sur nos propres sentiments, autrement dit, sur la vérité. Ce qu'il y a de paradoxal, c'est précisément que ce que nous présentons comme vérité, l'est réellement au point de vue psychique. Nous n'accrochons, pour ainsi dire, au sentiment, ce reniement intellectuel que pour ne l'avouer ni à nous, ni à autrui. Ici encore la volonté - dans sa forme négative - se pousse devant le sentiment qu'il lui faut renier au moment même où elle le sanctionne. Quant à l'acte pratique, l'action, nous nous imaginons en fait y jouer un rôle, alors qu'il s'agit d'authentiques actions affectives. Nous jouons alors ce que nous sommes en vérité, mais nous avons l'impression du faux, non du vrai, parce que nous ne pouvons pas nous accepter sans rationaliser. De même l'exagération d'une action ou d'une réaction, est d'autant plus véritable que nous l'éprouvons comme exagération voulue. (Je joue l'offensé signifie : je suis offensé).

Comprendre cette relation entre vérité et réalité est donc d'une haute importance psychologique parce que nous découvrons ce que le mensonge, la dissimulation, la dramatisation contiennent de vérité psychique; mais son importance pratique, en vue du jugement des actions qui en découlent, n'est pas moins grande. Cela explique pourquoi nous avons raison de juger l'homme à ses actes et ceux-ci, à leur tour, d'après leur apparence manifeste; ainsi font, avec le profane, la justice et l'éducation. Car si la motivation psychique, à laquelle on finit toujours par se heurter dans une analyse minutieuse, est psychiquement vraie, elle n'est pas réelle comme l'action elle-même, dont la compréhension psychologique inclut l'interprétation, selon le problème de la volonté et de la culpabilité. C'est pourquoi ce que Freud appelle acte-manqué, est, psychologiquement, plus vrai que l'acte correct, qui repose souvent sur un reniement de notre désir véritable; celui-ci ne se manifeste que dans l'acte manqué où, au même moment, il est, de quelque façon, rendu inefficace, comme dans le rêve, où le dormeur est dans l'incapacité d'agir.

Il en découle non seulement une compréhension nouvelle mais aussi une intelligence dans le comportement humain, autrement dit une conception de la vie, qui, au point de vue thérapeutique, s'oppose aux concepts psychanalytiques. Elle affirme en effet que notre recherche de la vérité dans les motifs humains d'action et de pensée est destructive. On ne peut vivre avec la vérité et, pour vivre, on a besoin d'illusion. Non pas seulement d'illusions collectives, comme celles qu'offrent l'art, la religion, la philosophie, la science et l'amour; mais d'illusions personnelles. Plus un homme est apte à prendre l'apparence pour l'essence, plus il sera sain, adapté, plus il sera heureux. Dès l'instant où nous nous mettons à la recherche de la vérité, nous détruisons la réalité et notre rapport avec elle. Il peut se faire que, dans la personne aimée, nous trouvions, en vérité, un remplaçant de la mère, d'une autre personne ou de nous-mêmes; ou au contraire que nous constations, par analyse, que nous aimons la personne haïe, mais que nous devons reporter cet amour sur une autre personne, parce que notre orgueilleuse volonté ne permet pas que nous nous l'avouions à nous mêmes. Bref, ces « déplacements » forment la réalité qui se dévoile toujours à l'analyse comme quelque chose de déplacé, comme une fiction psychologique. C'est là une connaissance, qui ne nous facilite pas la vie. Il ne peut non plus être question de supprimer ces déplacements, parce que cela est impossible, comme nous l'enseigne au mieux la situation analytique dans laquelle le malade continue ce processus, en reniant le rapport affectif actuel avec l'analyste, qu'il transpose sur d'autres personnes ou d'autres situations. Quand ce déplacement réussit nous y voyons une guérison, et nous avons raison; car ce processus continuellement actif de feinte vis-à-vis de soi et d'actes manqués n'est pas un mécanisme « psychopathologique » ; c'est l'essence du réel qui est, pourrait-on dire, une vie continuellement manquée. Nietzsche a déjà exprimé une idée analogue dans un de ses aphorismes, en disant que c'est l'inexactitude des lois de la nature qui nous permet de vivre et d'agir. C'est là aussi le véritable enseignement de la légende grecque d'Oedipe dont le héros aurait vécu heureux dans son monde d'apparences si, poussé par son orgueil intellectuel, et par la recherche ardue de la vérité il n'avait été contraint de démasquer le mensonge, l'illusion, le mirage de sa réalité. Il éprouve certes de la joie à affirmer son vouloir dans la recherche du vrai, à écarter les obstacles; mais il souffre du contenu qu'il découvre et qui ramène dans sa conscience les sentiments reniés (sentiments à l'égard des parents, dans le cas d'Oedipe).

Cette conception donne une intelligence paradoxale, mais profonde, de l'essence de la névrose. Si l'homme est d'autant plus normal, plus sain, plus heureux qu'il est capable d'accepter comme vérité, l'apparence du réel, autrement dit, dans la mesure où il est à même de refouler, déplacer, renier, rationaliser, dramatiser, de se tromper lui-même et les autres, de mentir à lui et à autrui avec succès, il en découle que la souffrance du névrosé ne vient pas de ce qu'il y a de pénible dans le réel, mais bien de la douloureuse vérité, qui par contre-coup rend la réalité insupportable. Le névrosé est arrivé depuis longtemps au point psychique où la psychanalyse veut en vain l'amener : à pénétrer le mensonge du monde sensoriel, la fausseté de la réalité perçue. Il ne souffre point de tous les mécanismes « psychopathologiques », psychiquement nécessaires et salutaires à la vie; il souffre de leur échec qui le frustre précisément des illusions importantes pour la vie. Différent de l'homme de volonté créatrice, représenté sur le plan intellectuel par le héros Œdipe, le névrosé ne cherche pas la vérité de son plein gré, ni pour son plaisir; il la découvre parce qu'il y est contraint, et il en souffre. Il ne cherche, par conséquent, pas une vérité objective générale, il trouve sa propre vérité subjective qui dit je suis si petit, et si mauvais, si faible et si vain, que je ne puis me faire illusion sur moi-même; ni m'accepter comme un individu de pleine valeur.

Donc, tandis que l'homme moyen peut accepter pour lui-même la réalité généralement admise comme vérité, le créateur, qui cherche et trouve sa propre vérité, veut ensuite la transformer en vérité générale, autrement dit réelle. On pourrait dire qu'avec sa vérité, il crée sa réalité. Enfin le névrosé trouve sa vérité subjective qu'il ne peut accepter comme telle, et détruit ainsi la réalité donnée, le rapport agréable avec elle. Ils diffèrent encore par la disposition, mieux, par le genre de conscience, par son rapport avec la volonté. Chez l'homme moyen, la conscience du réel est très développée; chez le type créateur, c'est celle de la volonté; chez le névrosé, celle du moi. La conscience du réel provient de l'adaptation de la volonté; la conscience créatrice imaginative de l'affirmation de la volonté; la conscience de soi du névrosé de la négation de la volonté. La volonté elle-même dans le premier cas, se justifie en tant que généralité sociale; dans le second par l'éthique individuelle; dans le troisième, nous en avons la négation.

La diversité d'attitudes de conscience à l'égard du problème de la volonté, qui décide de la prédominance du plaisir ou de la souffrance, de la destruction ou de la construction tient en outre, dans son essence, de l'importance fondamentale du *problème du contenu*. La conscience du réel de l'homme moyen s'oriente surtout vers le contenu; sa vérité, nous l'avons dit, c'est le réel, donc exclusivement le contenu. La conscience créatrice a aussi son contenu, mais elle s'attache surtout à élaborer des contenus subjectifs, des fantaisies de toutes sortes qui, en définitive représentent des phénomènes de volonté. Par contre, la conscience de soi du névrosé s'occupe d'une manière introspective, que nous ne pouvons appeler que « psychologique », des processus psychiques eux-mêmes qui représentent l'essentiel de son contenu. Certes le névrosé a aussi des contenus réels et imaginatifs, mais il a trop peu des premiers et trop des seconds; l'essentiel, dans la structure de sa conscience reste donc qu'elle se manifeste sous forme de conscience introspective des processus mentaux en soi. Donc, ici encore, le névrosé est beaucoup plus près que les autres de la vérité au sens psychologique; et c'est justement ce dont il souffre.

La méthode psychanalytique exerce son action thérapeutique en offrant, sous forme de « vérité » scientifique, de nouveaux contenus pour justifier la volonté. Elle favorise donc l'illusion, comme le font : la religion, l'art, la philosophie, l'amour, qui sont les grandes psychothérapies spontanées de l'humanité, comme je les appelais déjà dans l'*Artiste*. La psychothérapie, dont le but est avant tout de conduire l'individu à l'acceptation de soi et, par suite, de la réalité, doit donc, de par sa nature, donner des illusions, et non la vérité au sens psychologique, puisque c'est elle qui fait souffrir le névrosé. Ainsi comprise, la psychanalyse est thérapeutique, mais seulement pour les individus qui sont encore capables d'illusion, et uniquement dans la mesure où ils le sont, ce qui n'est déjà plus le cas pour la classe de nerveux que nous rencontrons aujourd'hui. L'insoluble conflit dans lequel la psychanalyse est elle-même embrouillée aujourd'hui, provient précisément de ce qu'elle a voulu être en même temps théorie et thérapeutique, ce qui est aussi inconciliable que d'être à la fois vérité et réalité. Théorie psychologique, elle recherche la vérité, elle cherche à saisir les processus psychiques eux-mêmes; ce faisant, elle détruit, comme le montre avec une brutale netteté la conscience de soi du névrosé. Thérapeutique, elle doit offrir au malade un ensemble de consolations et de justifications qui, psychologiquement parlant, peuvent être fausses ou, si elles sont vraies, peuvent n'avoir aucune action thérapeutique.

Nous voici ramenés à la part que prend le problème de la volonté dans la névrose. Le caractère destructif, désagrégeant de la conscience de soi, vient finalement du caractère initial négatif de la volonté qui agit, non seulement à l'extérieur comme résistance, mais aussi à l'intérieur comme contre-volonté. L'élément destructeur est donc un effet du reniement, de la négation, qui, en dernière analyse, se rapporte à nos sentiments, donc nous-mêmes. Ici, la psychologie des névroses s'engage dans une autre voie; on ne peut la comprendre que comme contre-partie à la psychologie de l'individu créateur qui affirme sa volonté et soi-même; la psychologie de l'homme moyen ne l'éclaire nullement. L'erreur méthodique fondamentale de la psychologie freudienne est d'avoir orienté sa thérapeutique d'après la psychologie de l'homme normal et de ne connaître le créateur que dans son aboutissant négatif, la névrose. La psychologie freudienne décrit l'homme tel qu'il serait, s'il était normal, sain; son erreur est de penser que le névrosé reviendra ainsi à une santé normale, mais il ne le pourrait que par une affirmation positive et créatrice de la volonté, alors le thérapeute moralo-pédagogique veut transformer cette affirmation en adaptation normale. Le névrosé perd toute relation avec la réalité parce qu'il connaît sur lui-même trop de vérité, manifestée indifféremment sous formé de conscience de culpabilité, de sentiment d'infériorité ou d'incapacité d'aimer. Au fond ce n'est toujours qu'une incapacité d'illusion, mais qui concerne aussi bien la sphère de la volonté que celle de la conscience. Le type créateur les affirme toutes deux; le normal n'y voit nullement des puissances séparées luttant l'une contre l'autre; le névrosé dirige vers l'intérieur, non seulement sa conscience, sous forme d'introspection qui tourmente, mais aussi sa volonté, sous forme de contre-volonté, tandis que l'homme actif et constructeur la dirige vers l'extérieur. Chez le névrosé, ce n'est pas un simple refus de la réalité pénible, ou plus exactement. des sentiments pénibles que provoque chez lui, la résistance du réel; c'est reniement de la sensibilité en général par la volonté qui en vient finalement pour des raisons morales à justifier ou même à repousser l'instance négatrice, la contre-volonté. D'où la souffrance causée par le sentiment de faute, par la volonté brisée, ou par les deux. Il lui faut alors expliquer, motiver, comprendre, rationaliser, justifier chacune des actions positives ou négatives de sa volonté - au lieu de les affirmer simplement - ; voilà ce qui fait de l'*homo sapiens*, parmi les êtres vivants, ce spécialiste de la pensée, dont le type évolué à l'extrême nous est donné dans la forme classique de névrose contemporaine, la névrose d'obsession.

D'autre part, cette tendance à nier les manifestations volontaires personnelles et le besoin de justifier le reniement, ont conduit à toutes les géniales créations, depuis celles des héros religieux jusqu'aux morales philosophiques. Ces thérapeutiques universelles de justification échouent en face de la conscience de soi : C'est elle qui démasque la dernière grandiose tentative de cette sorte, la psychanalyse, qui essaie de donner à la fois des contenus consolants, qui ne peuvent plus faire illusion, et la vérité psychologique, qui ne console point. Donc toute thérapeutique qui veut avoir quelque efficacité doit être purement subjective à cause des différences individuelles; elle doit aussi être relative, puisque nous tous nous représentons le type névrosé à l'introspection exagérée de soi et que nous vivons maintenant dans toute sa force la désagrégation, par la conscience hypertrophiée, du réel, de l'illusion de la vérité et d'elle-même. Nous sommes à un stade transitoire dans lequel nous cherchons désespérément de nouvelles illusions sans pouvoir en trouver l'utilisation thérapeutique, ou nous luttons aussi désespérément pour la vérité sur nous-mêmes qui augmente chaque fois notre malheur. La psychanalyse, nous l'avons dit, donne les deux ! Ce fut sa force; cela devient de plus en plus sa faiblesse, parce qu'inévitablement elle favorise ce processus de connaissance si propice à l'hyperconscience destructrice.

Avec le reniement du sentiment, tel que nous l'avons décrit plus haut, se déroule aussi le reniement de la conscience, à mesure que l'introspection dévoile la vérité intime que nous ne voulons pas voir, parce qu'elle est douloureuse et destructive. La tendance au refoulement, plus forte chez le névrosé, est donc aussi un mécanisme de protection contre la prédominance de la conscience de soi, obligée de reconnaître la vérité malgré l'individu. Le névrosé de nos jours devrait donc plutôt apprendre à ne pas voir, à ne pas être obligé de voir la vérité intime sur lui-même, puisque sa conscience n'est qu'une manifestation de la volonté négative. S'il réussissait à nouveau à vouloir positivement et à transposer son vouloir en action ou en création, sa conscience n'aurait nul besoin de se tourmenter pour savoir pourquoi il ne peut vouloir, ni sa pensée de s'épuiser en justifications de son vouloir. Ici on découvre aussi un fondement positif de sa volonté de vérité. La vérité doit le délivrer du doute, de l'insécurité inhérente à tout notre système de pensée, bâti sur des négativismes interprétatifs, comme le représentent les rationalisations sans : fin des mobiles de notre volonté et de notre conscience. La vérité se dresse ici encore, comme événement sentimental intime, en face des incertitudes de la réalité et des processus de pensée qui y correspondent. Dans la *perception interne* de nos *sentiments véritables* se manifeste la conscience névrotique de soi dans sa forme la plus cruelle. L'homme d'aujourd'hui trouve dans le *contenu objectivé de la vérité* la seule consolation ou illusion dont il soit encore capable.

IV

LE SOI ET L'IDÉAL

« This above all : to thine own self be true. »
   SHAKESPEARE.

Revenons au conflit *intérieur* essentiel de la volonté, et surtout au rôle qu'il joue dans la formation de l'idéal moral. Dans la situation analytique, nous voyons et nous sentons la volonté du malade sous forme de « résistance » à notre volonté; de même l'enfant brise et fortifie à la fois sa volonté en la dressant contre celle de ses parents. L'analyse de l'adulte offre pourtant l'avantage de permettre le renvoi de cette résistance sur l'individu lui-même - supposé que nous utilisions la méthode constructive - autrement dit, nous montrons au malade qu'il souffre en somme d'un conflit purement intérieur entre sa volonté et sa conscience, conflit que l'analyse lui permet de présenter comme extérieur. La façon dont ce conflit intime se manifeste dans la sphère du vouloir, et les effets qu'il produit, au dedans et au dehors, constituent le thème proprement dit de la psychologie de la volonté. Cette psychologie doit se tenir en dehors de toute tendance morale, pédagogique et sociale, bien qu'il nous faille prendre tout cela en considération chaque fois que nous avons à juger la rencontre de la volonté individuelle et de la volonté d'autrui, individu ou groupe. Ce à quoi nous avons plutôt affaire ici, c'est la sphère consciente de l'individu et en particulier les manifestations qui aboutissent à la formation positive et constructive d'un idéal personnel.

Comme nous ne nous occupons ici que de l'aspect positif, constructeur et créateur du conflit, et même d'une seule de ses manifestations spécifiques, il est utile de rappeler qu'il nous a fallu attribuer à la volonté positive une origine négative, dont nous avons étudié ailleurs la genèse. J'ai insisté depuis longtemps, et en particulier dans la première partie de la psychologie génétique, sur l'énorme importance que prend le mécanisme du *reniement* pour l'ensemble de notre pensée et de de notre action. C'est dans le reniement que se manifeste, ainsi que je voudrais l'exposer maintenant, la nature négative, à l'origine, de la force volontaire, qui, selon Goethe, « veut toujours le mal, et toujours crée le bien ». En tout cas, dans des situations différentes, et surtout dans ce qu'on appelle les réactions névrotiques, nous voyons l'homme agir et penser comme s'il était commandé par deux volontés qui luttent l'une contre l'autre, à la manière de notre volonté qui lutte parfois contre une volonté extérieure, à elle opposée. Ces deux facteurs qui sont à la base de toutes les conceptions dualistes de l'univers, depuis celle du persan Zarathoustra, jusqu'à celle de Schopenhauer, ont été décrits par Freud, d'abord sous les noms de conscient et d'inconscient, puis, plus tard, dans les formes plus approfondies du moi et du ça. On considéra d'abord l'inconscient et la sexualité comme identiques, de même que l'on identifia conscience et moi; plus tard Freud désexualisa légèrement le ça ou, plus exactement, il en fit quelque chose de plus cosmique, et attribua en outre, au moi aussi, des éléments inconscients. Cette conjonction d'une terminologie nouvelle avec d'anciens contenus trouble plus qu'elle n'éclaire. En outre, il advient que, chez Freud, malgré ses éléments inconscients, le moi joue un rôle relativement minime, parce qu'il est dominé par les deux grandes puissances, du ça d'abord, puis du sur-moi, qui représente le code moral. Inutile de revenir ici sur cette terminologie; je voudrais décrire les phénomènes tels qu'ils se présentent à moi; j'ai simplement voulu expliquer en quoi et dans quelle mesure ma conception s'écarte de celles qui l'ont précédée.

Je considère que les deux forces antagonistes, dans l'individu sont les mêmes que celles qui apparaissent sous forme de conflits de volontés dans le choc de deux individualités; ce sont des forces de volonté. L'une est la même que celle qui se manifeste dans les chocs extérieurs : c'est notre *volonté consciente*. Mais qu'est l'autre force intérieure, contre laquelle elle se tourne, ou mieux qui se tourne contre elle ? On pourrait dire, comme Freud l'a d'abord supposé, que c'est la *sexualité*, à condition que l'on prenne ce terme dans un sens non seulement élargi, mais le plus vaste possible. Autrement dit, en empruntant la terminologie biologique, nous avons le générique en face de l'individuel, en laissant ouverte la question de savoir s'il faut ou non y incorporer le collectif racial qui est, d'après Jung, un concept moral et social à la fois. Quoi qu'il en soit, nous n'avons besoin ni d'interdiction sexuelle extérieure, ni de traumatisme de castration sexuelle extérieure, - l'étude des enfants le montre chaque jour - pour expliquer la lutte du moi individuel, de la volonté consciente, contre la sexualité, contre la contrainte de l'espèce. Il se peut que les parents, ou autres autorités, représentent, pour l'enfant de chez nous, de fortes puissances volontaires; mais on peut se dresser contre elles, ouvertement ou en secret, on peut arriver à les dominer, à s'en libérer même ou à leur échapper. Pourtant, la sexualité telle qu'elle apparaît dans l'individu à la puberté, est une puissance infiniment plus forte que toutes les autorités extérieures ensemble; s'il en était autrement, le monde aurait depuis longtemps disparu.

Cette contrainte sexuelle, attirance des sexes, que Freud met à la base du complexe d'Oedipe, dépasse naturellement, quand elle s'éveille dans toute sa plénitude, les limites établies par les parents. Elle est tellement puissante et subjugue à un tel degré l'individu, qu'il cherche bientôt à échapper à cette domination, précisément à cause de son caractère dominateur, parce qu'elle se dresse, tel un dictateur, sous forme de contre-volonté infiniment plus forte, en face de la volonté personnelle renforcée à l'âge de la puberté. Si l'individu se défend avec tant d'ardeur c'est que l'instinct sexuel biologique veut l'obliger à se plier encore sous la domination d'une volonté étrangère, la volonté sexuelle de l'autre, au moment précis où le moi commence à se sentir libéré pour la première fois du poids de l'autorité volontaire d'autrui. Aussi recourt-il nécessairement à un mécanisme de satisfaction qui lui permette, tout en obéissant à la poussée sexuelle, de conserver, au moins un certain temps, l'autonomie nouvellement acquise, sans se soumettre à une volonté sexuelle étrangère. Je songe ici au conflit masturbatoire typique de ces années - et des suivantes - qui n'est pas autre chose qu'une expression violente du conflit entre la volonté individuelle et celle de l'espèce. L'individu en sort toujours victorieux, bien qu'il doive souvent le payer cher. Le conflit masturbatoire se termine toujours par la victoire de l'individu, parce que son début est déjà, une victoire, une tentative pour placer l'instinct sexuel sous le contrôle de la volonté individuelle.

Même quand ils paraissent « de volonté faible », adonnés sans recours au vice, ces individus sont, au fond, d'une volonté immensément forte, mais momentanément concentrée dans cette unique direction. Ils réussissent aussi à maîtriser leur instinct sexuel en ce sens que, par un effort conscient de volonté, ils peuvent, non seulement le réprimer, mais l'éveiller et le satisfaire. C'est donc l'individu qui fixe à son gré le moment et non la sexualité. Seulement, il leur faut, pense Adler, se prouver continuellement à eux-mêmes leur force de volonté, ce qui leur donne l'apparence d'être la proie impuissante de leur instinct sexuel. C'est exact dans la mesure où il s'agit encore d'un reniement de la force volontaire individuelle; ce qui se pourrait résumer en cette formule universelle : Je ne veux pas, mais j'y suis obligé ! - Je ne suis pas de l'avis d'Adler; je ne crois pas que l'individu doive continuellement se prouver sa propre force volontaire parce qu'il se sent « inférieur », donc qu'il est en réalité faible. Je crois plutôt qu'il ne pourrait en aucune façon se prouver sa force, s'il ne possédait une si puissante volonté personnelle. Ici encore le problème qui se pose est de savoir pourquoi l'individu ne peut accepter, avouer, affirmer cette volonté personnelle, pourquoi il est contraint de la nier et de la renier, autrement dit de la remplacer par un « il faut ». C'est cette tendance au reniement qui provoque secondairement le sentiment de culpabilité et d'infériorité dont le mot d'ordre est : je ne devrais point avoir une volonté personnelle aussi puissante, je ne devrais même avoir aucune volonté. C'est là qu'intervient la signification de l'instinct sexuel biologique qui, à la fois représentant de la volonté et de la contrainte de l'espèce, justifie ainsi la manifestation de la liberté individuelle, mais provoque, en même temps, le sentiment de la culpabilité sexuelle. Donc la culpabilité du vouloir, en trouvant un contenu concret par le déplacement dans la sphère sexuelle, est en même temps reniée et justifiée.

Les explications que la psychanalyse, même de la nuance d'Adler, donne de ces phénomènes de culpabilité et d'infériorité, me paraissent insuffisantes parce qu'elles ne concernent pas le problème proprement dit; c'est le reniement de la volonté d'ou résultent culpabilité et infériorité. L'explication donnée jusqu'à présent dit que la volonté de l'enfant a été brisée par l'autorité des parents au point qu'il n'ose plus vouloir, bref qu'il éprouve une peur provoquée du dehors. Non seulement chaque expérience pédagogique peut réfuter cette explication, mais toutes les autres expériences de la psychologie des névroses et des personnalités créatrices indiquent qu'il en est tout autrement, qu'il y a là quelque chose de plus profond. Nos conflits se rattachent, dans leur ensemble, à des causes beaucoup plus profondes que des inhibitions sociales extérieures, que nous les concevions, avec Freud, psychologiquement comme des formations intérieures du sur-moi, ou, avec Adler, comme un sentiment intérieur d'infériorité issu de la situation inférieure de l'enfant par rapport à ce qui l'entoure. Certes, nous sommes, au début, liés à notre milieu; mais nous pouvons lui échapper, et nous sommes aussi, surtout dans notre vie sexuelle, fortement liés à la nature. Mais ce qui distingue l'homme ou, selon le cas, ce qui le rend malheureux, c'est précisément que sa volonté consciente grandit pour devenir aussi puissante que les influences extérieures du milieu et les exigences instinctives internes; il faut donc bien que nous en tenions compte pour comprendre l'individu dans toutes ses manifestations. Notre volonté est non seulement capable de réprimer l'instinct sexuel, elle est aussi à même de l'éveiller, de l'exciter, de le satisfaire en agissant consciemment sur lui. Peut-être ce pouvoir lui vient-il de ce qu'elle est la descendante et représentante de l'instinct vital biologique de la conservation de soi et de la reproduction - qui, finalement, n'est qu'une surindividuelle conservation de soi. Si cette tendance à une conservation constante de soi se transpose de l'espèce a l'individu, il en résulte la volonté de puissance dont les manifestations provoquent des réactions de culpabilité parce qu'elle tend vers un enrichissement de l'individu qui se fera, biologiquement aux dépens de l'espèce, et moralement aux dépens d'autrui.

Nous sommes ainsi amenés à l'idée fondamentale de toute ma conception, dont j'avais déjà exprimé les principes dans l'*Artiste* : à savoir qu'instinct et inhibition, volonté et contre-volonté ne correspondent pas à un dualisme originaire, mais qu'il s'agit toujours finalement d'une sorte d'auto-inhibition intérieure, que, par conséquent, tout a sa source au dedans et que le dehors reflète plus le dedans qu'il ne le crée. Cette conception concerne également tous les genres de conflits sexuels provenant, non d'interdictions extérieures mais d'inhibitions internes - inhibition de la volonté individuelle par la contre-volonté. Cela explique aussi la résistance qu'a rencontrée, inévitablement, la « théorie sexuelle » par laquelle Freud exprimait ce même conflit; sa compréhension nous conduit bien au delà des stériles discussions provoquées par la psychanalyse. Freud disait : La sexualité est la plus forte; on lui répondait : Non, la volonté peut la dominer dans une large mesure ! Et tous deux avaient raison. Mais chacun ne soulignait qu'un aspect, au lieu de reconnaître qu'il y avait des rapports entre les deux et de comprendre le véritable sens du conflit. Freud a, peu à peu, cédé et dans sa théorie de la castration et du sur-moi il a reconnu la prise des facteurs inhibiteurs sur la sexualité. Mais ce sont chez lui des facteurs extérieurs d'angoisse et ils le restèrent même plus tard quand il les intériorisa dans le sur-moi, bien qu'ils s'établissent sous formes d'instances morales provocatrices d'insurmontables réactions de culpabilité. Or, le sentiment de culpabilité est autre chose que de l'angoisse intériorisés, il est aussi quelque chose de plus que la peur de soi, que la peur des exigences de l'instinct, tout comme les instances éthiques sont, à la fois, quelque chose d'autre et de plus que les autorités parentales intériorisées.

Pour comprendre ce qu'elles sont et comment elles naissent, revenons à la lutte du moi volontaire contre la volonté de l'espèce représentée dans la sexualité. Ce combat est une lutte, continuée intérieurement, de l'individu-enfant contre une contrainte quelconque. Dans ce que Freud appelle période de latence (entre la première enfance et la puberté), le moi de l'individu, sa volonté propre, s'est fortifié et s'est dressé, le plus souvent en des réactions révolutionnaires, contre les parents et autres autorités qu'il n'a pas choisie lui-même. Dans la lutte qui commence alors contre la sexualité, le moi appelle au secours les inhibitions parentales autrefois combattues, les prend comme alliées contre l'instinct sexuel plus puissant. Cet appel au facteur volontaire permet seul d'expliquer psychologiquement l'énigmatique processus d'intériorisation de l'autorité des parents. Autrefois il fallait les imposer du dehors à l'enfant et l'on sait qu'il est nécessaire de conserver cette contrainte parce que la volonté et la contre-volonté de l'enfant se cabrent contre son acceptation. L'enfant n'a d'abord aucun motif d'élever ces inhibitions extérieures au rang d'instances personnelles intérieures; et même s'il en avait, sa contre-volonté refuserait d'en accepter la contrainte. L'enfant obéit parce qu'il y gagne l'affection, évite la punition et s'épargne un effort intérieur. Mais il ne le fait pas, où n'y renonce pas, de son propre mouvement; au contraire, l'interdiction renforce généralement le désir comme l'autorisation en émousse le charme. Par contre, à l'âge pubère, alors que, d'une part, l'individu s'éveille à l'autonomie volontaire et, d'autre part, se défend contre la contrainte de la sexualité conforme à l'espèce, il trouve de puissants motifs volontaires de s'approprier ces interdictions parentales antérieures et toutes les inhibitions morales dont il a autrefois pris connaissance, pour les utiliser victorieusement dans la lutte contre la sexualité. *Ici l'individu forme lui-même son sur-moi parce qu'il a besoin de cette norme morale pour que sa volonté soit victorieuse de l'intinct sexuel.* C'est encore une victoire parfois trop chèrement acquise et qu'il faut payer d'une soumission perpétuelle à ce code moral.

L'organisation constructive de ce que Freud appelle le sur-moi et sa transformation créatrice en ce que j'appelle l'idéal issu du soi, est un processus compliqué à l'extrême, qui se déroule cependant dans les formes typiques du conflit volontaire et sous sa pression. Elle consiste, en premier lieu, en ce que l'individu fait désormais siennes les limitations, qu'il n'avait acceptées d'abord qu'extérieurement, par contrainte, et les *affirme* pour les mettre au service de sa volonté. Cette affirmation d'un état établi autrefois par contrainte, est un facteur psychologique de la plus haute importance; c'est même le facteur psychologique proprement dit, car la destinée tout entière de l'individu dépend de son attitude vis-à-vis des facteurs donnés, milieu ou constitution. Ce : *je veux, parce que je dois*, il est facile de le voir, est la contre-partie positive de l'attitude de reniement formulée par la phrase : je ne veux pas, mais j'obéis à une contrainte ! Toute la différence consiste en ce que l'on ne supporte pas cette contrainte tant qu'elle est extérieure et que la volonté réagit par négation. Mais si ce conflit extérieur s'intériorise, deux réponses deviennent alors possibles, dont l'une conduit à des réactions névrotiques, l'autre, à des lois éthiques. Car si intérieurement on éprouve encore la contrainte comme telle, ce conflit de la volonté se manifeste, nous l'avons dit, sous forme de sentiment de culpabilité, qui représente, pourrait-on dire, une contrainte morale intérieure dressée toujours contre la volonté personnelle comme la contre-volonté étrangère. Mais si la volonté personnelle dit : Oui ! à cette contrainte, à cette obligation intérieure, la contrainte se transforme en liberté intime, volonté et contre-volonté s'unissant dans une même affirmation, dans un même vouloir.

Le processus que nous venons de décrire dépasse cependant la simple affirmation de la contrainte extérieure ou intérieure, pour atteindre une utilisation constructive, dont l'effet moral positif est de créer l'idéal, et non pas seulement des normes régulatrices. On pourrait donc contester que c'est pour résister au premier assaut de l'instinct sexuel que l'individu prend, comme bouclier, le code moral traditionnel. Car bientôt l'orgueilleuse volonté individuelle se réveille à nouveau et s'efforce de remporter la victoire, seule, sans l'aide de la morale autoritaire. C'est alors que l'idéal éthique personnel commence à se former, influencé sans doute par des modèles extérieures - figures idéales de la vie ou de l'histoire. Or ces idéals, on les choisit déjà d'après son individualité, et non plus d'après ses parents [4]. Peu importe que l'individu réussisse à se libérer totalement des notions morales transmises; il n'y réussit probablement jamais, surtout quand il doit vivre avec d'autres individus plus ou moins soumis à cette morale traditionnelle. L'important, c'est que tout ce qui est créateur, quel que soit son genre de manifestation - même la névrose - est dû à cette aspiration de l'individu, à sa volonté personnelle de se libérer du code moral traditionnel et de puiser en lui-même son idéal éthique personnel qui, en plus des normes qu'il lui fixera, lui donnera l'assurance de pouvoir créer et d'être heureux. Ce processus de formation d'idéal personnel, qui commence par l'établissement de règles morales intimes, est une grandiose *tentative pour transmuter la contrainte en liberté.*

On ne peut y parvenir par une voie tracée au cordeau et sans obstacles; c'est, au contraire, une lutte continuelle contre des puissances extérieures, un conflit incessant des puissantes intérieures, dans lequel l'individu doit expérimenter par lui-même tous les stades de développement. On ne peut l'éviter; on ne le doit pas non plus, car c'est *justement cette expérience, cette lutte qui est*

---

[4] Exception faite pour les parents du héros, de l'homme de volonté puissante, ainsi que je l'ai exposé dans « *Le mythe de la naissance du*

précieuse, constructive, créatrice; elle inhibe la volonté, mais en même temps, elle la renforce et la développe. Le premier pas dans le processus de libération, c'est que l'individu veut désormais librement ce qu'autrefois une contrainte extérieure, ou intérieure, l'obligeait à faire, et il se peut que l'homme normal moyen ne dépasse jamais ce stade, qui garantit à la volonté et à la contre-volonté un collaboration relativement exempte de conflit. Ce premier pas correspond à une acceptation voulue de la contrainte extérieure, de l'autorité morale et de la contrainte intérieure de l'instinct sexuel; aussi laisse-t-il subsister moins de possibilités de conflits, mais aussi moins de possibilités créatrices. L'individu est, dans une très large mesure, d'accord avec lui-même et avec son milieu, dont il sent qu'il est une partie. Il a conscience de son individualité, mais, en même temps, il a aussi le sentiment de l'égalité, de l'unité, qui rend agréables les relations avec le monde extérieur.

Le stade suivant est déjà caractérisé par le sentiment de scission de la personnalité, par le désaccord entre la volonté et la contre-volonté, ce qui est autant une lutte contre la pression du monde extérieur (la morale) qu'un conflit intérieur entre les deux forces de la volonté. Le facteur constructif s'élève au delà de la simple acceptation morale

---

héros ».

et instinctive du devoir jusqu'à la formation de l'idéal personnel qui - nouvelle puissance tendant vers son but, peut, selon le cas, agir par construction ou inhibition. Durant ce stade, le développement peut prendre les formes névrotiques ou créatrices, qui n'existaient pas au premier stade. Ici encore, tout dépend de la place que prend la volonté par rapport aux instances psychiques morales et éthiques, appelées ou créées par elle, mais qui, une fois éveillées à la vie, deviennent elles-mêmes des puissances. *La volonté est donc toujours contrainte de prendre à nouveau position*; d'abord en face du donné, puis à l'égard de ses propres créations, et enfin vis-à-vis de ce qu'elle veut. Cette attitude peut à son tour être négative ou positive, négative même là où il s'agit de création et de vouloir personnels à l'origine. Cette attitude négative peut toujours avoir deux résultats différents : ou bien elle conduit au mieux faire, à la production supérieure, à la création nouvelle, comme chez le créateur; ou bien elle s'épuise en autocritique, en sentiment de culpabilité et d'infériorité. Bref en inhibitions névrotiques de la volonté.

Le troisième stade, plus élevé, est caractérisé par une coopération harmonieuse des trois forces, dans la plénitude de leur développement : volonté, contre-volonté et idéal issu de leur conflit, ce dernier devenu une puissance avec un but vers lequel elle tend. Ici l'homme supérieur - le génie - est à nouveau d'accord avec lui-même; ce qu'il fait, il le fait en harmonie complète avec la totalité de ses forces et de ses idéals. Il ne connaît ni hésitation, ni doute, comme l'homme à conflit du deuxième stade ; même créateur, il est homme de volonté et d'action, en accord avec soi, mais pas avec le monde, comme le réaliste. Ce qui ne veut pas dire que les conflits de ce type seraient plutôt de nature extérieure, qu'ils se dérouleraient plutôt dans la lutte contre un milieu ennemi ; ce que je tiens au contraire à mettre ici en relief, c'est le côté créateur de leur être, qui acquiert, parce qu'il est étranger au réel, la grandeur caractéristique du génie. En créant son idéal, par des transformations et des refontes successives, ce type s'est créé un monde intérieur si souverain, si particulier, un monde à lui qui n'est pas un simple substitut de la réalité extérieure (originairement éthique), mais pour lequel la réalité ne peut jamais offrir que de si faibles compensations, que l'individu est contraint de chercher satisfaction et salut dans la création et l'objectivation de son monde personnel. Bref, ce type n'accepte avec la tradition et l'obligation, avec tout ce qui est désiré et voulu, tout ce qui est aspiration et devoir, aucun compromis ; il n'en fait pas davantage une simple somme ; il *crée*, au contraire, une unité nouvelle : la personnalité forte avec sa volonté autonome, la plus haute création à laquelle aboutisse la coopération de la volonté et de l'esprit.

Le premier échelon correspond à la *conscience du devoir*, le deuxième, à la *conscience de la culpabilité*, le troisième, à la *conscience de soi*. Nous voyons immédiatement que ces trois types, trois points d'un développement en ligne droite, diffèrent par les rapports qu'ils ont avec le réel et avec leurs semblables. Le premier échelon s'oriente d'après le monde extérieur et correspond à l'adaptation de l'individu par rapport à lui; l'individu fait siens les idéals sociaux et sexuels de la majorité, ce qui est non seulement une identification passive, mais un effort de la volonté qui aboutit, il est vrai, à sa soumission. Au troisième échelon, éthique, il ne s'agit plus des exigences extérieures ou normes, mais des idéals intérieurs propres, non seulement créés par l'individu lui-même, mais affirmée par le soi comme ses propres devoirs. Le deuxième échelon, névrotique, représente l'échec dans le passage du premier au troisième. L'individu voit dans les exigences et normes extérieures une contrainte qu'il doit continuellement repousser; il ne peut, non plus, affirmer les idéals correspondant au soi. Il éprouve donc un *sentiment de culpabilité à l'égard de la société* (ou de représentants particuliers de cette société) et une *conscience de culpabilité vis-à-vis de lui-même*.

Autrement dit, le premier type accepte la réalité avec ses exigences et adapte son individualité de façon à sentir qu'elle est une partie du monde phénoménal et à l'accepter comme telle. Il supprime, ainsi le sentiment pénible d'être différent, puisqu'il se sent un avec le réel. Le troisième type au contraire s'accepte lui-même ainsi que l'idéal intime qu'il a formé et tente alors d'adapter convenablement à lui-même son milieu et ses semblables. Cela peut se produire avec violence, comme il arrive avec l'homme d'action sans scrupule, ou par l'idéologie réformatrice, éducatrice ou thérapeutique, au sens scientifique ou religieux du terme. Ce peut aussi être une activité créatrice qui atteint son apogée lorsque l'individu crée de lui-même, de la pulsion idéalisée de sa propre volonté, un monde à lui, comme font l'artiste et le philosophe, sans prétendre l'imposer aux autres. Certes ce type véritablement créateur cherche aussi l'approbation, mais il n'a pas besoin, comme la personnalité thérapeutique réformatrice, de l'acquérir par la force. Cette approbation est l'expression d'un mouvement spontané de l'individu qui reconnaît, dans le créateur, des tendances apparentées aux siennes. Ce type créateur trouve l'estime en lui-même, comme il y trouve également initiative et approbation.

Le premier type d'adaptation a donc besoin de la contrainte extérieure. Le deuxième, le névrosé, se cabre en présence de toute espèce de contrainte, extérieure ou intérieure; le troisième, le créateur, a maîtrisé la contrainte par la liberté. Le premier se soumet au réel, le deuxième se regimbe contre son pouvoir, le troisième, pour lutter contre sa pression, se crée une réalité subjective qui le rend indépendant et lui donne en même temps, la possiblité de vivre dans la réalité, sans entrer en conflit avec elle. Le deuxième, le névrosé, est le type le plus intéressant pour le psychologue, parce qu'il prouve qu'au fond, tout le problème revient à l'acceptation de l'individualité personnelle, dont dépend, en premier lieu, l'attitude vis-à-vis du réel. Car ce n'est pas seulement parce qu'il est incapable de supporter une contrainte extérieure que le névrosé échoue; il souffre tout autant, davantage même, de son incapacité de se soumettre à une contrainte, quelle qu'elle soit, même intérieure, fut-ce celle de son propre idéal. Le problème thérapeutique proprement dit ne consiste donc pas à l'adapter au réel, à lui apprendre à supporter une contrainte externe, mais à lui apprendre à s'adapter à lui-même, autrement dit, à supporter et à accepter se personnalité, au lieu de se regimber contre elle. Ce but thérapeutique atteint et l'individu s'acceptant, ou, psychologiquement parlant, affirmant sa volonté au lieu de la nier, il en résulte, sans plus, une nécessaire adaptation au réel. Mais il ne saurait être question de voir là un schéma identique pour tous les hommes, quelle que soit la forme dont on le revête : complexe d'Oedipe de Freud, sentiment social d'Adler ou union collective de Jung. Cette adaptation se fait, pour chaque individu, de façon différente, individuelle. Les types que nous avons décrits en représentent trois possibilités. Psychologiquement fondée sur l'acceptation de soi, elle est ou l'acceptation des normes extérieures, donc, en somme, une justification de la volonté, au moins dans la mesure où elle jouit de l'approbation générale; ou bien l'acceptation de soi permet à l'individu de pousser son développement jusqu'à la formation de son idéal propre qu'il accepte avec ses particularités individuelles. Mais, dans chacun des cas, il faut d'abord surmonter, par une thérapeutique constructive, le mépris névrotique de soi tel qu'il résulte du reniement de la volonté.

On trouvera dans un autre ouvrage la description de ce phénomène. Ici je me contente simplement de montrer que les diverses réactions de l'individu ne sont à proprement parler que des attitudes différentes vis-à-vis du même problème fondamental. L'homme moyen, adapté à la réalité, trouve la justification de sa volonté individuelle dans celle de la majorité, qui a une orientation identique; toutefois, par là, il accepta aussi les tentatives universelles de justification et de décharge de la société (règles morales et projections religieuses). Le névrosé, à qui son plus fort développement individuel donne l'impression d'être bien différent des autres, ne peut accepter ni les normes, ni les justifications générales; mais il ne peut pas non plus accepter celles qui viennent de lui-même, parce qu'elles seraient l'expression de sa volonté personnelle, qu'il lui faudrait alors accepter. Le type créateur au contraire accepte, comme nous l'avons vu, et soi-même et les idéaux qu'il forme, donc sa volonté personnelle; il le fait, en tout cas, dans une bien plus large mesure que tout autre type. Il a, certes, lui aussi, besoin de toutes sortes de justifications extérieures, dont l'action n'est néfaste que dans le domaine de la production intellectuelle, dans la philosophie et la science, parce qu'elles conduisent à des reniements de la volonté et à des justifications théoriques, qu'on présente comme des théories scientifiques.

Ceci nous ramène à nouveau, du problème de la volonté, à celui de la conscience et de la connaissance consciente. L'influence constructrice et créatrice de l'idéal repose sur l'acceptation du propre moi, de la volonté individuelle justifiée *moralement* dans l'idéal personnel, mais nullement dans l'idéal moyen comme chez l'adapté. En d'autres termes, dans l'idéal personnel se manifeste sous forme de justification morale la volonté personnelle de l'individu, originairement reniée. Le névrosé souffre d'abord de son échec dans les mêmes circonstances; mais il souffre également parce qu'il comprend le rapport qui se manifeste, selon son intensité, par le sentiment de culpabilité ou par celui d'infériorité. Il rejette son moi, dont l'expression est le plus souvent négative et prend la forme de contre-volonté; par suite, il n'en peut trouver la justification morale, c'est-à-dire qu'il ne peut le transformer en un idéal de valeur. Aussi ses efforts tendent-ils à *être lui-même* (c'est ainsi que s'expriment beaucoup de nerveux), au lieu de vivre selon son idéal. Donc tandis que l'idéal de l'homme moyen est *d'être comme les autres,* celui du névrosé est d'*être lui,* d'être ce qu'il est et non ce que les autres voudraient qu'il fût. Enfin l'idéal de la personnalité est un *idéal véritable* au sens propre du terme : *être comme on voudrait être.*

Dans le domaine de la conscience, nous trouvons ces différentes phases d'évolution exprimées en trois formules correspondant à trois époques, à trois conceptions du monde et à trois types d'hommes. La première est la formule apollinienne : Connais-toi, toi-même ! - La deuxième, la dionysienne : Sois toi-même ! - la troisième est celle de la connaissance critique : Détermine-toi, toi-même ! (Kant). - La première formule repose sur la comparaison avec d'autres et conduit, selon la mentalité grecque, à l'acceptation de l'idéal commun; elle contient implicitement la morale que Socrate fut seul à exposer consciemment et qui sert encore de fondement à la thérapeutique psychanalytique : Connais-toi, pour t'améliorer (dans le sens des normes communes). Il ne s'agit donc pas de connaître pour connaître, mais de connaître pour s'adapter. Le deuxième principe, au contraire du premier, rejette la comparaison et l'amélioration qui en résulte, et pousse à l'acceptation de ce que l'on est en dépit de tout. Pour l'opposer au principe de l'Apollon Delphique, je l'ai appelé dionysien parce qu'au lieu de conduire à l'adaptation, il conduit à la destruction extatico-orgiastique, ainsi que le montre non seulement la mythologie grecque, mais encore le « Peer Gynt » d'Ibsen, que ce principe conduit à l'asile d'aliénés. Dans son déchaînement dionysiaque, le soi véritable est non seulement antisocial, mais aussi amoral; c'est pourquoi il conduit l'homme à sa perte. Ainsi en aspirant ardemment à être soi, le névrosé accepte, en quelque sorte, sa névrose et c'est peut-être la seule manière dont il dispose pour s'affirmer lui-même. Il est déjà lui-même, pourrait-on dire; il l'est, en tout cas, beaucoup plus que les autres et n'a plus qu'un pas à faire pour l'être tout à fait, dans la folie. C'est ici qu'apparaît le précepte kantien : détermine-toi, par toi-même ! qui exige une vraie connaissance de soi, pour pouvoir réellement *devenir* soi, premier essai constructeur au sujet de ce problème. C'est là ce qui fait l'importance universelle épistémologique et morale de Kant. Il ne nous a point donné de psychologie; mais c'est là aussi un aspect de sa grandeur; car c'est en évitant de faire de la psychologie qu'il a pu échapper à tous les reniements, à toutes les rationalisations et interprétations qui constituent le contenu de la plupart des théories psychologiques, y comprise celle de Freud.

Une psychologie irrécusable du point de vue épistémologique, qui ne serait par conséquent ni morale, ni religion, - celle de Freud l'est encore – doit partir du point où Kant a situé le problème. Comment l'individu peut-il se déterminer de lui-même ? ou mieux : pourquoi lui est-il si difficile de le faire ? Nous nous heurtons ici au problème de la culpabilité de la volonté, que Schopenhauer a l'immortelle gloire d'avoir expliqué dans sa psychologie Mais il a renié le vouloir tandis que Nietzche chercha à renier le sentiment de culpabilité. Freud enfin a, certes, vu le problème de la culpabilité tel que le névrosé le présente; mais il a cherché à le résoudre en le ramenant à *un seul contenu déterminé*, le contenu sexuel. Les diverses autres orientations analytiques (Jung, Adler et autres) diffèrent uniquement en ce qu'elles mettent un *autre contenu* à la place du sexuel, masquant ainsi le problème purement psychologique de la volonté. Le contenu de la doctrine freudienne concorde avec celui de la morale religieuse occidentale, dont nous souffrons nous-mêmes parce qu'elle est incapable de résoudre le problème individuel.

V

CRÉATION ET CULPABILITÉ

« Le Fatum remet l'individualité à sa place et la brise si elle se montre présomptueuse. »
HÉGEL.

Nous venons de poursuivre le développement du conflit de la volonté dans l'individu, depuis sa manifestation négative, qui mène au reniement et au sentiment de culpabilité, jusqu'à sa force positive créatrice qui, non seulement accepte le devoir au lieu de le renier, mais le dépasse pour aboutir à une obligation constructive. Cette obligation, que nous avons décrite dans la formation d'un idéal personnel de l'individu, peut conduire - si la volonté peut s'accepter elle-même ainsi que son action dans cette phase éthique - à la création, qui change, et transforme, et reforme les données extérieures et intérieures, selon le vouloir individuel. Nous sommes ainsi passés de l'acte psychologique pur du vouloir, auquel on donne une valeur éthique, au problème moral du contenu, c'est-à-dire à ce que l'individu veut ou doit vouloir. En elle-même, la manifestation de la volonté, réaction à une contre-volonté externe ou interne, est indépendante du contenu du voulu; elle se rapporte au devoir et au non-vouloir en tant que tels, elle peut, par conséquent, conserver également quelque chose que désirait l'individu, mais qu'il ne veut plus dès que cela est imposé, ou simplement proposé à son libre choix par une volonté étrangère. Il semble bien que c'est en général le contenu, un contenu déterminé, qui transforme la force de volonté, d'abord négative, en une force positive, constructive et finalement créatrice; de cette façon se trouve justifié non seulement le contenu du vouloir au sens d'idéal éthique personnel, mais aussi la volonté individuelle en elle-même.

D'où provient donc le contenu du vouloir et quel est-il ? De même que le vouloir se dresse comme force intérieure d'abord négative, contre une pulsion, le contenu provient d'abord du refus : nous voulons ce que nous ne pouvons pas avoir, ce qui nous est refusé ! Si ce premier degré du vouloir est déterminé plutôt négativement de l'extérieur, le prochain degré est également influencé du dehors, mais il s'agit cette fois du désir, qui contient déjà un vouloir précis. Dans ce cas, nous voulons ce que d'autres ont, ou veulent avoir; c'est alors envie, jalousie ou concurrence pour la joie de posséder. Mais le vouloir n'est réellement positif qu'à partir du moment où nous l'avons fait nôtre, quand, laissant de côté les catégories de comparaison, nous ne mesurons plus notre vouloir individuel à des obstacles ou à des modèles extérieurs, mais à L'idéal éthique que nous formons nous-mêmes. En d'autres termes, la volonté devient positive et constructive dans sa propre justification morale d'un idéal; le cas échéant, elle peut aussi devenir créatrice par suite d'un *conflit de volonté purement extérieur qui surgit entre le contenu de notre vouloir et l'idéal personnel du devoir*. Si, dans ce stade, la volonté reste encore par trop sous la dépendance de comparaisons et de justifications extérieures par rapport à des individus particuliers, nous verrons apparaître, selon le cas, le sentiment d'infériorité, ou de culpabilité, en lequel nous avons reconnu comme la contrepartie névrotique de l'affirmation créatrice de la volonté, au stade moral. Avant de comprendre les conditions de celle-ci - c'est le thème de ce qui va suivre – il nous faut d'abord considérer encore une fois l'issue névrotique.

Rappelons que la profonde modification psychologique qui va de l'affirmation du vouloir à la négation de la volonté est très étroitement liée au problème du *contenu*. Toutes les inhibitions et défenses (interdictions) extérieures qui, dans l'enfance (et plus tard dans la vie), gênent l'individu ne sont pas des interdictions du vouloir en général; mais des défenses de vouloir quelque chose de bien défini, à un moment précis; elles sont toutes déterminées quant à leur contenu (et, le cas échéant, quant à leur moment). L'individu, par contre, passe très tôt déjà de cette défense à l'interdiction de vouloir en général. Soit dit en passant, c'est là, ce me semble, que prennent racine la différence essentielle entre l'adulte et l'enfant et la profonde incompréhension qui en résulte. En ce sens, on pourrait dire que l'enfant est plus éthique que l'adulte moyen, dont la pensée ne sait se vêtir qu'en concepts moraux, c'est-à-dire en contenus, alors que l'enfant, plus impulsif, voit, dans toute inhibition, dans toute interdiction ou défense, une atteinte à la totalité du vouloir, à la volonté; de là le caractère si « tragique » que nous y sentons. Bref, le contenu du moment n'a d'abord qu'une valeur symbolique; mais peu à peu, selon les tendances justificatrices des individus, il prend de plus en plus une valeur « concrète », tandis que ce qu'il y a de général et d'instinctif, l'essentiel pourtant, devient de plus en plus abstrait. Ainsi l'enfant trompe les adultes sur le vouloir en lui donnant un contenu « bon », acceptable selon leur façon de penser ! De même l'adulte se trompe lui-même plus tard aussi sur ce qu'il a de « mal » à vouloir, en apportant au contenu l'approbation de son propre idéal (ou de celui d'autrui). Or, tant que nous sommes obligés de justifier le mal du vouloir par son contenu, nous nous sentons moralement responsables vis-à-vis d'autrui et nous dépendons de sa louange ou de son blâme; et ce d'autant plus que nous nous abandonnons davantage à cette tromperie et à cette illusion. Au fur et à mesure nous prenons conscience que la volonté, dans sa forme première de contre-volonté, est la source des conflits avec le monde extérieur et avec nous-mêmes, nous éprouvons la responsabilité personnelle, puisque notre conscience morale doit, dès lors, dire oui ou non à notre vouloir individuel. Tel est le sens qu'il nous faut donner à ce que nous allons examiner maintenant sous le nom de création; tel est le sens moral qu'il faut donner à la culpabilité, qui y est indissolublement liée; il ne s'agit plus d'un sentiment de culpabilité envers autrui (au sens moral), ni d'une conscience de la culpabilité envers soi-même (au sens névrotique), mais de la *culpabilité* au sens éthique.

Nous considérons donc la tendance créatrice comme une manifestation justifiée de la volonté : justification éthique du vouloir et justification morale - donc venant d'autrui - de son contenu; cela étant, voici comment nous devons comprendre l'apparition de la culpabilité inhérente à toute création. L'individu cherchant à justifier son vouloir, comme il a été dit plus haut, par son « bon » contenu, la volonté que la critique morale du contenu a marquée du signe du « mauvais » entre en contact avec des contenus mauvais interdits, qui seront désormais identifiés avec le vouloir défendu. Cela se trouve chez l'enfant dans ce qu'on appelle « méchanceté », chez l'adulte, dans les fantaisies ou les rêveries qui, selon Freud, sont à le fois les préliminaires des symptômes nerveux et de l'activité créatrice, l'un et l'autre dans la mesure où ils représentent des actes volontaires pensés de contenus divers, pour la plupart interdits. Leur manifestation nerveuse ou créatrice ne dépend nullement de leur contenu qui peut être le même dans les deux cas; elle ne peut non plus s'expliquer, comme le veut Freud, par le refoulement, pas même par son genre ni son degré; elle me semble uniquement déterminée par le rapport de la volonté avec le contenu du vouloir. En d'autres termes, si l'on étale et manifeste les bons contenus du vouloir parce qu'ils sont une reconnaissance morale de la volonté et si l'on cache et tient secrets les mauvais parce qu'ils en sont une réprobation morale, leur sort dernier et, par suite, celui de l'individu, dépend de l'attitude prise vis-à-vis de la volonté, indépendamment de tout contenu. Si la volonté s'identifie et reste identifiée avec les mauvais contenus, les fantaisie, avec leurs contenus défendus, sont tenues secrètes; la volonté reste mauvaise, condamnable, défendue, bref contre-volonté négative, et conduit au refoulement, au reniement à la rationalisation. Au contraire, si la volonté est, dès l'origine, très forte dans l'individu (comme contre-volonté) les bons contenus ne suffisent pas pour justifier sa méchanceté et l'individu affirme aussi les contenus interdits, c'est-à-dire la mauvaise volonté qu'ils représentent. Puis les rêveries, jusqu'alors expressions pensées de la volonté, sont autorisées à passer dans le domaine des actions. On ne les tient plus secrètes comme des velléités défendues, on les transforme alors en acte créateur qui devient aussi affirmation, non seulement du contenu stigmatisé comme mauvais, mais aussi de la volonté individuelle qu'il représente.

Les contenus que la morale interdit concernent en premier lieu les fonctions corporelles : l'enfant doit apprendre à manger et à régler les fonctions excrétoires, selon la volonté des adultes et non selon la sienne; sa contre-volonté à ce propos est qualifiée de « mauvaise » et de « laide ». Très tôt, on y englobe les manifestations corporelles de la sexualité qui deviendra alors le contenu le plus important du vouloir, peut-être justement parce que ses manifestations ont été réprimées et interdites avec tant d'intensité. Si l'on tient compte de la très grande part que prend le psychique dans notre vie amoureuse - nous en reparlerons - l'interdiction morale des manifestations corporelles de la sexualité dans l'enfance a peut-être pour effet biologique important de renforcer plus tard, par réaction, l'élément corporel, de telle façon qu'il puisse subsister en face du psychique. Il peut se faire que ce soit là le point de départ de la séparation entre sexualité et tendresse, dont Freud a fait une caractéristique du névrosé, et que je considère plutôt comme l'attitude de l'homme moyen, que je crois plus saine, en tout cas, que l'indissoluble union du sexuel et du spirituel, qui cherche, dans l'amour, la justification individuelle de la sexualité. Nous retrouvons ici encore, à la base de ces phénomènes, une séparation de la volonté et du contenu du vouloir. Les manifestations tendres d'amour à l'égard de certaines personnes sont permises à l'enfant; elles sont bonnes; seul l'élément sensuel du vouloir est mauvais, c'est le mal.

Nous avons dit tout à l'heure que, pour ce qui concerne les contenus mauvais et interdits, l'enfant en est réduit à la volonté pensée, l'imagination. Cela semble bien conforme à mon idée que les rêveries des hommes (enfants comme adultes) ne tendent pas tant à la satisfaction de ce qui est réellement interdit comme mauvais, qu'à la *réalisation* de *la volonté en elle-même.* En langage banal elles sont surtout égoïstes, même quand elles ont pour objet le thème sexuel elles présentent le moi de l'individu couronné de succès, victorieux, accomplissant sa volonté en dépit de tous les obstacles. Un pas de plus dans cette direction mène à la productivité, à la création : c'est l'élévation de ces manifestations volontaires de la sphère de pensée à la sphère d'action. Les fantaisies s'objectivant dans l'œuvre, il est certain qu'en même temps le contenu défendu se trouve réalisé de quelque manière; mais finalement, c'est l'expression de la volonté dans la création, la production, l'affirmation, qui donne satisfaction et souvent bonheur.

Telle est la différence essentielle entre l'homme moyen, qui dissimule à autrui ses rêveries, le névrosé qui se les cache à lui-même (refoulement), et le type créateur, qui les affirme, les révèle au monde, les lui impose même. Elle s'explique par l'attitude différente que prend l'individu vis-à-vis de la volonté, d'une part, et de ses contenus (bons ou mauvais) d'autre part; c'est aussi ce qui donne au problème de la culpabilité ses formes différentes. L'homme moyen, qui cache à autrui le contenu de la fantaisie, où il voit l'expression de la mauvaise volonté, éprouve un *sentiment de culpabilité* (vis-à-vis des autres); l'individu qui se dissimule à lui-même ses fantaisies, qui les refoule, cherche moins à renier leur contenu mauvais, que la mauvaise volonté qui les représente; il a donc *conscience de sa culpabilité* (vis-à-vis de lui-même); enfin l'individu qui s'avoue à lui-même ses imaginations, affirmant ainsi sa volonté personnelle, si bien qu'il peut la transformer en travail positif, est *coupable*, coupable de manifester par son acte une volonté individuelle. En fait, il est coupable vis-à-vis des autres contre lesquels son individualisation le dresse; mais il est de plus coupable vis-à-vis de lui-même parce qu'il justifie cette manifestation individuelle. Le type créateur doit racheter constamment la manifestation et la réalisation continuelles de sa volonté; il le fait, à l'égard d'autrui et de lui-même, par l'œuvre qu'il donne aux autres et qui le justifie. Il est donc productif; il fait quelque chose, parce qu'il a une dette à payer; non pas une dette supposée, comme le névrosé, qui se borne à se comporter comme s'il était coupable et dont la conscience de culpabilité n'est que l'expression du reniement de sa volonté, au lieu d'être la réalisation créatrice de la volonté qui rend coupable effectivement.

Nous remarquons ici que création et culpabilité correspondent, dans le domaine éthique, à la même opposition que vérité et réalité dans le domaine épistémologique; l'œuvre - comme la vérité - réclame une approbation générale mais il faut continuellement surmonter, par des efforts renouvelés de la volonté créatrice, la culpabilité, qui à la fois l'entrave et la stimule. Nous avons donc ici une création lourde de faute, une culpabilité créatrice qui, au contraire de la conscience coupable surindividuelle du névrosé, a quelque chose de spécifiquement personnel. L'œuvre du créateur n'est donc pas une sublimation de l'instinct sexuel; elle est l'expression de la volonté individuelle, qu'on pourrait presque dire antisexuelle. Car le véritable élan créateur provient toujours du seul conflit intérieur de la volonté, tel que nous venons de le décrire; il plonge au delà du conflit entre moi et sexualité que la volonté mène sur son propre territoire et avec ses propres armes. C'est, sans aucun doute, la tendance biologique fondamentale que l'on utilise, ainsi que je l'avais exposé déjà dans l'*Artiste*. Je dis bien : utilise ! Car s'il crée, c'est au service de la volonté, donc, pourrait-on dire, par sa propre défaite; ce qu'il aide a créer est essentiellement différent de lui-même et, dans le cas idéal, lui est bien supérieur. C'est la gigantesque lutte entre nature et esprit, contrainte et volonté, que Freud tenta de décrire dans le concept éducateur de « sublimation », sans y reconnaître la différence fondamentale qu'il y a entre procréation et création, engendrer et créer, outil et artisan, créature et créateur !

Nous reconnaissons donc dans l'impulsion créatrice non seulement la forme la plus haute de l'affirmation de la volonté individuelle, mais aussi la plus grande victoire de la volonté individuelle sur la volonté de l'espèce, représentée par la sexualité. C'est une victoire semblable de la volonté individuelle sur la volonté de l'espèce, que révèle l'exigence individuelle d'amour dont l'importance psychologique consiste en ce que l'individu ne peut, ni ne veut, jouer son rôle dans l'espèce que sous une forme individuelle, personnelle. C'est là, semble-t-il, la forme créatrice du type moyen qui veut pour soi une certaine individualité, et qui, s'il le faut, la crée pour approuver, justifier et délivrer sa volonté individuelle. Au contraire, le créateur ne se satisfait pas de la création *d'un seul* individu; il crée tout un monde à son image, mais il faut aussi que le monde tout entier dise oui à sa création et la justifie par son approbation.

Dans ce cas, créer c'est projeter sa vie intérieure sur l'extérieur, faire de la vérité psychique, le réel; du moi, le monde. La création biologique est aussi un élargissement du moi dans l'enfant, comme la création d'amour est une affirmation du moi dans autrui; seule la création spirituelle est une création de soi dans l'œuvre : le moi y est opposé au monde, qu'il domine selon sa volonté. Cette manifestation de la volonté du moi dans la création de l'œuvre n'est donc pas un substitut de la sexualité et de l'amour; au contraire, sexualité et amour sont des tentatives pour mettre réellement en action la poussée créatrice, tentatives qui, chez le type créateur, ne donnent jamais satisfaction complète, parce qu'elles sont encore des formes d'expression de la poussée créatrice individuelle entravées par la contre-volonté étrangère (et par conséquent insuffisantes). La création n'est pas non plus réalisable en une fois; elle est l'expression continue de la réussite de la volonté individuelle; par sa création personnelle, l'individu cherche à surmonter la contrainte biologique de la tendance sexuelle et la contrainte psychologique de l'abandon sentimental.

Cette conception de la volonté créatrice comme victoire de l'individu sur la tendance sexuelle biologique explique également la culpabilité que cette évolution et cette affirmation de la personnalité créatrice entraînent nécessairement à leur suite. A l'élévation de l'individu au-dessus des bornes que la nature lui impose, et qui se manifeste dans le succès de la volonté, le moi réagit par la culpabilité. Cette réaction seule explique la projection de l'idée d'un dieu, grâce à laquelle l'individu se soumet encore à une puissance suprême. Pour le primitif, qui spiritualisait le monde, cette puissance était la nature; pour l'homme héroïque triomphant de la nature, le dieu créateur créé par lui, donc la volonté individuelle à la foi glorifiée, reniée et justifiée enfin, pour l'homme de notre civilisation occidentale, ce sont les puissances concrètes du destin, l'autorité des parents et de l'être aimé, auxquelles il veut se soumettre volontairement.

Ce complexe de conflits, nous le retrouvons sous une forme grandiose dans le mythe du péché originel qui représente le stade de la connaissance : la conscience veut contrôler et dominer la sexualité, elle veut l'utiliser pour son plaisir et pour sa satisfaction personnels. Le héros Adam n'est pas puni parce qu'il prétend posséder un savoir analogue à celui de Dieu, mais parce qu'il a voulu s'en servir pour mettre l'instinct sexuel au service de la puissance individuelle de la volonté. Le complexe paternel ne nous est ici d'aucune utilité, pas plus que dans le mythe grec de Prométhée. Au contraire : c'est l'utilisation de l'instinct sexuel en faveur de la volonté individuelle en vertu de la connaissance du bien et du mal, donc l'affirmation du mauvais vouloir, qui cause souffrance et châtiment. Le châtiment, c'est la perte de la naïveté paradisiaque, de l'union avec la nature et ses lois, auxquelles il faudra désormais se soumettre. Adam est donc puni parce qu'il ne veut pas devenir père; sa punition, c'est qu'il est contraint de le devenir; en d'autres termes : il est soumis à la contrainte de l'instinct sexuel biologique, bien qu'il connaisse le problème moral qui flétrit comme mauvaise la volonté de jouir et en dépit de la tendance qu'il a de surmonter cette murale par l'affirmation de sa volonté.

Le héros devient ainsi le représentant psychologique de l'homme créateur, dont la contre-partie négative se retrouve dans le type névrotique de notre époque. Il ne renie pas ses parents, comme le prétend le complexe d'Oedipe, parce qu'il veut prendre la place du père, mais parce qu'il est le représentant terrestre de Dieu, de la volonté créatrice personnelle. Aussi n'a-t-il pas d'enfants (il devrait en avoir s'il était dans le rôle du père); il se manifeste lui-même en même temps que sa volonté personnelle dans l'œuvre et dans les actions héroïques. Il ignore toute reconnaissance (à l'égard des parents) mais il porte la culpabilité qui naît de la création. Ce n'est pas de vouloir devenir père, ni être dieu, qui lui donne sa conscience du péché, mais c'est parce qu'il est Dieu, parce qu'il s'exerce comme créateur qu'il devient coupable; et cette faute, seule l'activité continue ou la mort peuvent la racheter. Je crois d'ailleurs que l'idée de la formation des héros (ainsi que l'expliquerait tout ce qui a été décrit dans le « Mythe de la naissance du héros ») a été fortement, influencée par la découverte du rôle du mâle dans la reproduction. En tout cas, il semble que l'appréhension consciente du rôle que joue dans la procréation le partenaire masculin marque un tournant révolutionnaire dans l'histoire de l'humanité. Il me paraît que toute une partie de la psychologie de la volonté et de la culpabilité, telle qu'on la retrouve chez le névrosé d'aujourd'hui, se fonde dans le fait que l'homme pouvait se croire, d'une part, un créateur qui crée des hommes (Prométhée), d'autre part, qu'il pouvait contrôler consciemment cet acte biologique de reproduction pour orienter ainsi la sexualité vers la seule recherche du plaisir (connaissance d'Adam ?) En outre, c'est la découverte de ces relations qui, la première, fournit la base du concept social et psychologique de père, contre la reconnaissance duquel se dresse l'individu précisément dans le mythe du héros avec le reniement du père et la mise en relief du rôle de la mère. Peut-être est-ce ici qu'il faut chercher la raison principale pour laquelle le dieu qui représente la volonté individuelle du moi a pris, à certaine époque, des traits paternels. L'individu héroïque et souverain ne pouvait supporter ni utiliser la dépendance biologique du générateur terrestre, aussi préféra-t-il dépendre du dieu créateur déjà établi : le dieu fut ainsi doté de traits paternels, mais qui ne sont en fait que l'expression psychologique de la création héroïque de soi-même.

C'est ici que se trahit la première allusion au problème amoureux individuel dans la création de la femme faite à l'image de l'homme et chair de sa chair. Ici la femme est un produit de l'homme, de l'homme créateur qui s'attribue cette puissance créatrice divine et cette divine connaissance - comme le Prométhée grec. Premiers et timides débuts du grandiose processus de détrônement de dieu qui n'est psychologiquement que la progressive prise de conscience de la volonté individuelle par l'homme. Elle se traduit magnifiquement en Grèce par la rébellion des héros contre les dieux, pour atteindre, dans le christianisme (avec dieu fait homme et l'homme fait dieu) l'apogée de son développement. Si l'homme avait dû d'abord manifester sa propre volonté créatrice et la justifier en créant le dieu, il est tombé avec les héros dans l'autre extrême, la déification de soi, de sa propre volonté individuelle pour en arriver finalement, dans l'amour individuel, à déifier et adorer un autre individu, qui représente pour lui la création et la délivrance de sa propre volonté. Religion d'amour et de péché, le christianisme réunit en soi tous les éléments contradictoires de ce conflit du vouloir et du péché. Il nous montre par son dieu fait homme la continuité du ciel et de la terre sous forme, il est vrai, d'amour universel du prochain, en même temps qu'il écarte de l'individualisation en créant pour les foules un héros d'une telle grandeur que chacun se pouvait sentir délivré en lui et par lui.

Notre développement psychique, dans son ensemble, a donc franchi les trois étapes suivantes : judaïsme, hellénisme, christianisme, qui représentent, non seulement des phases historiques, mais aussi des types psychologiques, des modes de réaction et des attitudes que l'on retrouve chez l'homme civilisé d'aujourd'hui. Ce sont des tentatives différentes pour résoudre le problème volonté – culpabilité : les tentatives *réaliste, idéaliste et spiritualiste*. Les juifs de la bible, peuple de bergers rudes et belliqueux, avaient besoin du dieu combatif à volonté forte et sûr de vaincre qu'ils créèrent. Et si l'on voit en Jahve la personnification de la dure et tenace volonté individuelle de pâtres sauvages, toujours en lutte contre des ennemis, on comprendra que la bible est la première tentative grandiose faite par un petit peuple victorieux, devenu sédentaire et aisé, pour détrôner son vieux dieu guerrier et prendre conscience de la vigueur de sa volonté. Mais dès cet instant, tout ce qui a été fait et réalisé est attribué à un dieu créateur, qui n'avait été d'abord que destructeur, et à qui maintenant le peuple élu, qui se sent héroïque dans sa totalité, se soumet librement. Ainsi le peuple juif, guerrier, incarne d'abord dans le héros Moïse le guide qui le conduit au dieu à la forte volonté, tout comme plus tard il chercha en lui la justification de toutes les horreurs des guerres et des conquêtes.

Les Grecs, eux aussi, eurent d'abord de graves luttes à mener pour leur existence et pour conserver quelques places fertiles; l'Iliade nous l'apprend. Mais leur réaction à la victoire finale et au bien être ne fut pas une justification renouvelée dans la création d'un dieu individuel; ce fut une affirmation du sentiment de soi, tel que nous le voyons exprimé dans les mythes des héros. Ce ne sont plus les dieux qui provoquent et mènent la guerre et les combats des héros; les événements du cosmos sont mis en mouvement par des passions surhumaines, par la volonté forte des héros qui succombent à leurs propres passions, donc volontairement. Ce n'est que bien plus tard qu'apparaîtra sous forme de réaction à cet orgueil créateur, l'*Hybris*, poison sournois de la conscience, que les tragiques font déferler sur le héros, sans l'attribuer aux divinités. C'est en ce sens que l'hellénisme représente *la naissance de l'individualité dans l'histoire des hommes* : sous la forme du héros souverain créateur, l'homme se met à la place de dieu dont le rôle passif de spectateur marque le premier déclin. De là l'immense sentiment de culpabilité des Grecs, exprimé surtout dans la tragédie, comme réaction à la phase héroïque. Par la bouche du poète tragique grec, pourrait-on dire, le héros se demande à lui-même des comptes; mais il prend sur lui toute la responsabilité, la paie et l'expie par sa mort.

C'est en quoi l'hellénisme diffère du judaïsme qui pouvait garder et conserver les fruits de la victoire remportée, parce qu'il rejetait sur dieu la responsabilité. Le grec, qui voyait et reconnaissait dans l'action coupable l'expression de sa volonté individuelle, succombait sous la tragique connaissance du problème de la volonté et de la responsabilité personnelle; tandis que, pour en faire un remède, le juif transmutait la connaissance mauvaise et pernicieuse en contrainte morale du bien et du mal, la concrétisait en des règles précises d'interdiction - le décalogue - qui le préservaient de transgresser les bornes tracées à la volonté individuelle. Le christianisme, réaction immédiate à la domination brutale des romains représentée dans l'autorité paternelle, exprime, dans le symbole du fils rebelle, le héros passif qui vainc sa volonté, non par la réalisation, mais par la soumission. Il vainc en esprit, il succombe en son corps. Ainsi le combat est passé du réel à l'irréel, alors que la civilisation grecque l'avait élevé du plan moral au plan éthique. Mais par là même, dans le christianisme, le dieu passe de l'irréel au réel, comme le héros grec; il est plus humanisé encore et transformé, pour ainsi dire, en héros universel. Le christianisme serait ainsi un essai de réaction salutaire contre les dangers de l'individualisme qui avait atteint son plus haut point dans la puissance de l'autorité paternelle absolue chez les romains. Si le dieu créateur était l'expression la plus forte du moi volontaire individuel, le dieu doux et clément de la foi chrétienne est l'expression la plus puissante du moi qui s'humilie, qui se soumet - selon l'idéologie romaine, comme un fils, créature lui-même et non plus créateur. Mais en même temps, il tente d'écarter le père en tant que créateur et il élève le principe maternel à une importance *spirituelle* qu'il n'avait jamais eue auparavant. C'est ici que commence à se dresser, en face de la réalisation du principe de volonté, telle que nous la voyons dans le patriarcat romain, la réalisation du principe maternel d'amour, qui atteint plus tard son apogée dans l'exigence amoureuse individuelle et dans la création d'amour de l'homme irréligieux d'aujourd'hui.

Ainsi le culte du héros souligne le divin dans l'homme et glorifie la force créatrice individuelle de la volonté, tandis que la religion cherche à la renier et montre à nouveau l'homme créature qui se soumet humblement à la volonté supérieure de l'espèce. Ainsi compris, le judaïsme représente la solution religieuse, l'hellénisme, la solution héroïque, le christianisme, la solution humaine du problème volonté - culpabilité. La première est morale, la deuxième éthique, la troisième, spirituelle. Cela tient aux métamorphoses du problème du péché, qui dépendent, à leur tour, du degré de conscience. Dans le judaïsme, dieu représente la volonté et l'individu la faute; dans l'hellénisme, le héros individuel, volonté et faute; dans le christianisme, dieu, la faute et l'individu soumet sa volonté au dieu qu'il a vaincu et soumis. A mesure que la volonté se développe et se brise dans l'individu, nous pouvons constater un déplacement et un reniement analogues dans la sphère consciente. Dans le judaïsme, c'est la connaissance de la solution morale comme salut de l'individu; dans l'hellénisme, la connaissance du problème éthique comme déclin de l'individu; dans le christianisme, la connaissance du problème humain comme suppression de l'individu, comme délivrance de la contrainte de la volonté et du tourment de la responsabilité consciente qu'a tout créateur. Aussi le christianisme place-t-il au centre l'événement sentimental de l'amour, remettant ainsi en honneur, dans sa valeur symbolique, le principe maternel; l'hellénisme met au centre le principe créateur, qui conduit au péché et fait naître l'artiste individuel, tandis que le judaïsme représente le principe du vouloir et la contrainte paternelle. Donc contrainte, liberté et amour ne sont que des réactions différentes (du judaïsme, de l'hellénisme et du christianisme) au problème culpabilité-volonté. Chacune de ces civilisations en représente donc un stade d'évolution comme il se manifeste dans l'individu. Chez le juif, c'est la reconnaissance consciente du principe de contrainte paternelle de la morale; pour le grec, la reconnaissance créatrice du principe héroïque de liberté; pour le chrétien, la reconnaisance douloureuse du principe maternel d'amour.

Dans ce progrès, qui va de la projection divine à la justification humaine de la volonté individuelle, la participation de la conscience dans la progressive reconnaissance de la conscience de soi, est d'une influence décisive. Son premier degré, la projection divine, n'est pas encore une création consciente; c'est plutôt un essai pour transposer de façon magique la manifestation de la volonté représentée dans le désir-fantaisie sur un moi personnifié, dont la volonté et la contre-volonté correspondent à son vouloir. Dans le héros actif, qui transpose en acte sa volonté consciente, nous voyons un premier pas vers la reconnaissance de l'individu qui transforme et reforme la réalité selon ses désirs personnels, mais qui échoue, comme

Oedipe, dès qu'il reconnaît sa petite vérité humaine. Par l'élargissement de la conscience de soi, tout ce mécanisme de projection de la volonté, positive et négative, perd son caractère divin; il s'humanise et descend de dieu à l'homme, du ciel sur la terre. Mais il se continue sur la terre dans les rapports amoureux qui ne sont, en somme, qu'une tentative pour faire retomber la responsabilité de notre vouloir et de notre non-vouloir sur un autre, dont on fait un dieu et contre la volonté duquel on se révolte en même temps, si elle ne s'accorde pas avec la nôtre et ne s'y soumet. Ici, dans l'amour, dans la création qui transforme autrui selon notre image, nous nous heurtons encore à la contre-volonté d'autrui que nous avions su éviter avec tant de raffinement lors de la création du dieu, puisque cette volonté divine représentait notre propre volonté quelle justifiait en même temps.

C'est notre civilisation occidentale qui, la première, eut l'idée d'un dieu créateur qui ne fût pas seulement conservateur, à l'instar des divinités antiques, elles-mêmes des créatures, les égales de leur créateur, l'homme de l'antiquité. Ce dieu créateur que les systèmes religieux de l'occident imaginèrent les premiers, n'était plus une simple projection; il était en même temps l'expression créatrice de la volonté individuelle et non pas uniquement celle du père, qui ne crée pas, mais engendre. Ce dieu créateur tout puissant, est la première grandiose manifestation de la volonté individuelle; il en est aussi le reniement et la justification par la volonté universelle surindividuelle. La création de dieu est un événement cosmique; elle n'est pas une imitation de la soumission aux parents, qui n'est qu'une interprétation bien plus tardive, apparue alors que l'organisation de la famille était déjà bien développée. D'autre part, le dieu primitif qui précéda le dieu créateur est dangereux, destructeur, manifestation de la contre-volonté mauvaise attribuée plus tard à une divinité négative telle que nous la rencontrons depuis Arhiman jusqu'au diable des chrétiens. Contre ce dieu, d'abord destructeur, ennemi, dont Jahve créateur conserve encore les traits, on implora peu à peu l'aide de *divinités protectrices, de caractère maternel*, comme, par exemple, les dieux d'Égypte ou l'Athéna d'Homère. L'image du dieu créateur, degré ultime de ce processus de transformation éthique, naît dès l'instant où le contre-vouloir mauvais a été vaincu pour être affirmé sous forme de vouloir créateur; mais en outre elle garde encore les traits maternels conservateurs : car dieu conserve et protège ce qu'il a créé. Ce n'est que plus tard, sous l'influence de l'organisation familiale et sociale qui subsiste encore actuellement et pour la conserver, que dieu a revêtu la sévérité des traits paternels, qui exprime plutôt la contre-volonté extérieure du plus fort que la volonté créatrice individuelle. Par ce dieu-père, en réalité dieu-volonté déchu et dégénéré, l'individu, que sa volonté et sa conscience ont rendu orgueilleux, dresse en face de lui, sur terre, une puissante et réelle contre-volonté, dont le rôle sera de retenir dans certaines limites celui qui revendiquerait à son avantage la puissance volontaire d'une divinité.

Peut-être la prédominance du principe paternel, dont la toute puissance dans l'État romain fut brisée par le christianisme, a-t-elle sa source dans les raisons psychologiques suivantes : le « père », c'est l'homme de volonté puissante qui osa s'attribuer les prérogatives divines; ce n'est pas la violence qui fit accepter sa prédominance; c'est tout autant la nécessité d'opposer d'autres bornes terrestres à la volonté de toute-puissance de plus en plus concentrée dans l'individu. Ce serait là le pendant psychologique de notre conception de l'amour qui humanise notre tendance à diviniser; dans ses manifestations juridiques et psychologiques, le principe paternel correspondrait à une humanisation de l'aspect négatif de la volonté. Quoi qu'il en soit, il est certain que, pour nous, l'opposition des principes maternel et paternel, telle qu'elle s'exprime dans le contraste entre les conceptions du monde de Bachofen et de Haller et dans les différentes interprétations psychanalytiques correspond au contraste entre le droit naturel et le droit de la force, bref entre amour et contrainte ou, en termes psychologiques, entre réalisation de la volonté (mère) et contre-volonté (père). En d'autres termes, le père n'est qu'un symbole de notre propre volonté inhibée; il ne représente pas la force créatrice de la volonté, personnifiée dans le dieu d'occident créateur du ciel et de la terre. Dans sa théorie, où la volonté individuelle se dissimule, pour ainsi dire, derrière le principe paternel, Freud accomplit le même essai négatif de rationalisation que l'humanité consciente de sa faute. Elle s'y dissimule doublement comme dans la création de dieu parce que l'individu renie hypocritement sa volonté personnelle, qu'il attribue au père, pour pouvoir se soumettre à lui. Dans cette humble subordination de l'être faible et sans défense à la volonté des parents, la psychanalyse est religieuse; dans sa glorification de la conscience, elle est héroïque et présomptueuse. Ce qui veut dire que l'analyste, qui est semblable à dieu, puisqu'il connaît et qu'il modèle des hommes, doit payer ces avantages en montrant que l'individu, donc lui-même, est un être sans liberté ni puissance, qui - jouet des désirs inconscients et de ses tendances mauvaises - est tombé dans le péché.

Qu'on ne cherche pas ici une psychanalyse de Freud comme l'a fait récemment Michaeli; nous faisons une psychologie du créateur qui doit toujours à nouveau renier la force de sa volonté, semblable à celle de dieu, pour se libérer du péché de création. On voit ici encore que le particulier et l'individuel ne peuvent s'expliquer que par le général et non inversement. L'idée de père dans son sens social n'est que la personnification terrestre de la personnelle conscience volontaire; de même le complexe d'Oedipe n'est qu'un cas spécial de la destinée cosmique où l'homme cherche à échapper à la puissance des forces naturelles, sans pouvoir cependant nier sa petitesse et sa faiblesse en face de l'univers. Mais le complexe d'Oedipe est encore un cas spécial dans un autre sens particulier. Dans l'organisation actuelle de notre société, les parents représentent bien pour l'enfant les premières forces volontaires; ils sont, pourrait-on dire, son monde, son cosmos; d'où l'importance psychologique incontestée du rapport avec les parents. Mais très tôt l'enfant dépasse ces symboles familiers du conflit de la volonté pour percevoir le conflit de la volonté personnelle dont l'intensité et l'importance finissent par écarter le premier. En outre, la nature que notre volonté nous aide à dominer dans une très large mesure, était, pour le primitif, la puissance volontaire extérieure, menaçante, en face de laquelle il était désemparé et qu'il apprit à combattre et à commander par sa volonté. C'est là qu'il faut chercher l'origine de tous les dieux et esprits menaçants et terrifiants qui exercèrent leur influence néfaste, jusque dans le monde héroïque des grecs, et contre lesquels on invoquait le secours des divinités protectrices maternelles, d'une importance plutôt cosmique que féminine. Contre les puissances désastreuses et destructrices de la nature, on invoquait celles des forces naturelles qui étaient conservatrices et protectrices. Car quelque soit le nom que l'on donne au principe protecteur cosmique, l'être humain le conçoit à l'image de la mère, dont il dépend biologiquement; le père, au contraire, symbole de la puissance de la volonté, n'apparaît que plus tard et appartient de plus à un plan psychologique tout différent de celui de la volonté consciente.

Aussi le développement de l'idée de Dieu va-t-il de la personnification des puissances naturelles hostiles à l'individu dépourvu d'aide et de protection, au principe maternel conservateur, sans lequel il ne peut ni renforcer ni déployer sa volonté. Dieu créateur est plutôt expression de la toute puissante volonté personnelle que de la puissance dominatrice du père, dont le rôle biologique et sa supériorité sociale sont souvent des faits ignorée par l'enfant comme ils étaient par le primitif. Le degré suivant de développement - le plus intéressant pour le psychologue - est caractérisé par l'idée de péché inhérente à l'idée du dieu créateur; elle manquait aux étapes antérieures parce qu'alors l'angoisse était l'agent actif. Or si le dieu créateur correspond à la représentation que se fait l'individu de la force consciente de la volonté, il est aussi une tentative faite pour la renier et pour repousser la responsabilité; aussi conduit-il à la faute créatrice, inséparable de la manifestation de la volonté qui crée. Comprendre comment a été créé le dieu créateur, c'est aussi pénétrer la psychologie de son créateur, l'homme de l'occident, et du problème du péché, conséquence de la volonté individuelle. Cette compréhension se continue dans le développement ultérieur de l'individu moderne avec son attitude en face de l'idée de dieu, mais concerne surtout le problème du péché dont nous souffrons maintenant *individuellement* avec la connaissance de plus en plus consciente de tous ces rapports, de sorte que le salut semble se trouver non dans une rédemption générale, mais dans le seul bonheur individuel.

Le type névrosé si fréquent aujourd'hui, qui ne peut plus justifier sa volonté par la création de dieu, démontre également, dans ses relations intimes et sociales, le processus psychique de dissolution, où nous sommes arrivés maintenant. Nous voyons ici encore que le progrès dans la connaissance empêche de vivre (*Erleben*); autrement dit : la conscience de soi entrave la manifestation du vouloir. L'acte de créer le dieu créateur, en effet, n'était pas seulement une manifestation et une expression de la volonté créatrice individuelle; par sa tendance justificatrice, il rendait possible en même temps, l'action créatrice de l'individu sur la terre. Tout, il est vrai, se faisait au service de la religion, en l'honneur de dieu; mais du moins cela avait-il le mérite d'être. Toutes les forces créatrices de l'individu, artistiques ou actives, pouvaient se développer sous le symbole justificateur du dieu créateur. Cela vaut plutôt pour la civilisation médiévale de l'église que pour l'antiquité, où le héros était encore le représentant terrestre de la puissance volontaire des dieux. Avec l'humanisation générale de dieu, entreprise par le christianisme, le héros, l'homme créateur, se transforme pour ainsi dire en type universel, dont le développement culmine dans les individualités modernes, dont chacune, en somme, est elle-même un dieu, une personnalité marquée de forte volonté. Mais au lieu que ceci conduise à une augmentation de l'activité créatrice volontaire, comme on aurait pu le penser, nous voyons cette volonté personnelle, si fortement individualiste, prendre, chez le névrosé, la forme d'une contre-volonté dirigée contre lui-même et contre le prochain et se renier elle-même ainsi que la volonté créatrice qu'elle contient.

Ce que nous venons de dire permet d'en voir facilement la raison. Quand il prend connaissance de la force créatrice divine et reconnaît en elle la puissance même de sa volonté individuelle, l'individu est obligé d'en prendre la responsabilité; il est ainsi conduit nécessairement au concept éthique de culpabilité qui se rapporte au vouloir même et non - comme le sentiment de culpabilité - à l'un quelconque de ses contenus. La reconnaissance consciente de la création de dieu passe par une phase héroïque durant laquelle l'individu prend librement sur lui volonté et responsabilité pour les affirmer en vue de rétablir la domination divine sur la terre, telle que nous l'avons trouvée d'abords dans le principe d'amour, puis dans le principe paternel. Tous deux correspondent à de récentes tentatives pour donner au conflit de la volonté une solution réelle, puisque la puissance épistémologique de la conscience et la force désagrégeante de la conscience de soi avaient détruit la grandiose tentative de solution irréelle qu'était l'idée de dieu. Mais ce « crépuscule des dieux » qui se termine maintenant, s'accompagne d'un processus encore plus gros de conséquences, et plus tragique : on pourrait l'appeler la *damnation (Entgötterung) de l'individu* : nous en trouvons les effets dans le type névrosé avec son sentiment de culpabilité et d'infériorité.

Car les essais terrestres de justification de la volonté individuelle ont aussi échoué devant la force de la contre-volonté, pour aboutir finalement à une sorte de « crépuscule psychologique du moi », en une douloureuse désespérance de l'individu abandonné à lui-même. La raison en est, comme nous l'avons indiqué plus haut, que toutes les tentatives de solution réelle de ce conflit de la volonté sont entachées d'un défaut que n'avait pas, et que rendait même impossible la création irréelle de dieu. C'est le fait que les représentants terrestres du moi individuel ont eux-mêmes une volonté et une contre-volonté qui leur sont propres et contre lesquelles se heurte continuellement la nôtre. L'autorité paternelle ou parentale est certes un symbole de la volonté enfantine; mais elle est aussi - et vraisemblablement avec autant de force et aussi tôt - une contre-volonté étrangère qui trouble et entrave la nôtre. Dans la relation amoureuse, qui est une création individuelle, on se heurte encore à la même contre-volonté qui cherche aussi à exercer sur nous son activité créatrice. C'est ce qui donne aux conflits de l'homme moderne leur douloureuse profondeur; car le conflit interne du vouloir ne peut pas être résolu par un conflit extérieur; on ne peut, semble-t-il, s'en décharger que temporairement et partiellement par le procédé commode de la projection irréelle.

Le névrosé de notre époque a donc non seulement perdu l'illusion de dieu, mais, de plus, il sait que son remplaçant concret, tel que nous l'avons reconnu dans l'autorité des parents et dans l'objet d'amour, est insuffisant pour résoudre, ou même simplement pour alléger, le conflit interne de la volonté grandi par la connaissance et intensifié par la conscience de soi. La connaissance telle que nous l'avons comprise, événement intellectuel de la volonté en tant que vérité psychologique, aboutit donc à la suppression des dieux du ciel et à l'humanisation de la toute puissante volonté créatrice; la lancinante consciente de soi, n'apparaît qu'à partir de l'instant où la contre-volonté retire le conflit de ses personnifications concrètes, que nous avons trouvées dans les autorités parentales et les objets d'amour, pour le reporter sur l'individu lui-même. Mais ce rejet n'a rien de constructif - au contraire de celui que nous cherchons à provoquer intentionnellement dans la thérapeutique - et l'individu n'accepte pas ces conflits intimes. Au contraire, le conflit réel prouve simplement à l'individu qu'il ne peut pas non plus trouver en autrui ce qui le délivrera de la mauvaise volonté. La valeur thérapeutique de la situation analytique, vient donc de ce qu'elle permet à l'individu une solution analogue à la création du dieu par la volonté personnelle, et qu'elle lui fait saisir, en même temps, que le rapport sentimental actuel avec l'analyste en est une analogie terrestre dont il comprend les connexions.

L'événement thérapeutique ne peut donc se comprendre que par l'événement créateur, car il est, lui aussi, créateur; c'en est un cas tout particulier, que nous décrirons et expliquerons en détail plus loin. En effet, pour le névrosé, l'événement thérapeutique est l'ultime moyen qui lui permette de sortir du double conflit du reniement négatif de la volonté et de la destructive conscience de soi; de même, le type créateur en lui-même est l'ultime salut de l'humanité, qui lui permet d'échapper à l'inextricable conflit névrotique dont nous sommes tous menacée. L'homme créateur commence d'abord par se tirer lui-même du chaos névrotique de la négation de la volonté et de la conscience de soi par l'affirmation de soi et de sa volonté personnelle créatrice; il se préserve ainsi, dans le progrès croissant de la conscience, de l'inhibition résultant de la conscience de soi. Il préserve son aptitude à se manifester ainsi que sa volonté créatrice individuelle, au lieu de la nier et de réagir par la conscience du péché. Il s'exprime au lieu de prendre seulement conscience de soi; il veut au lieu de savoir; il sait qu'il veut, et ce qu'il veut, et il le vit. Sa faute, c'est cette libération qui est sienne, de la contrainte générale, biologique ou morale; c'est son isolement qu'il peut affirmer en créant, au lieu d'être contraint à une négation de névrosé. Sa création expie la faute, tandis que le vouloir névrotique, avec son reniement, donne à l'individu la conscience de sa faute. En transposant en événement créateur, donc en affirmation individuelle du vouloir, la conscience de soi issue de la contrainte d'une pensée hypertrophiée, il s'isole certes, en tant qu'individu, de ses contemporains, qui souffrent de leur conscience; mais il les unit aussi avec les puissances naturelles positives, révélant, du même coup, la grandeur et la force de l'homme.

L'homme créateur est donc d'abord son propre thérapeute; c'est ainsi que je conçois l'artiste; mais il est en même temps le médecin des autres malades. Il résout le conflit de sa volonté, à lui sous une forme générale, insuffisante encore pour le type hyperindividualisé de notre époque. Ce dont a besoin ce dernier, et ce qu'il demande, ce n'est pas une rédemption générale, c'est un rédempteur individuel; il recourt au thérapeute dès que et parce que la thérapie que lui offre l'événement amoureux subit un échec. Durant l'analyse, il tente encore d'utiliser les méthodes réelle et irréelle de délivrance, bien qu'elles soient, chez lui, sans effet, parce que, pour la conscience grandie qu'il a de soi et pour la connaissance hypertrophiée de soi, il n'existe plus qu'un seul rédempteur possible : lui-même. En ce sens, l'événement thérapeutique, ainsi que je l'ai indiqué tout à l'heure, ne peut se comprendre que par la création. En effet, le thérapeute est d'abord un créateur, presque un véritable dieu créateur, et ce n'est pas le malade qui l'élève le premier à ce rang; car il crée des hommes, au sens prométhéen, des hommes qui, comme lui, ont la volonté créatrice, mais sont contraints de la renier au lieu de pouvoir l'affirmer. Et c'est le deuxième motif pour lequel l'événement thérapeutique ne peut se comprendre que par la création. Le malade est aussi un créateur, mais un créateur qui a échoué, un négatif, de là provient son obsession d'identification avec le médecin, son idée qu'il est, au fond, comme lui et qu'il voudrait posséder, comme lui, la force créatrice positive. Cette création thérapeutique de l'homme que le malade considère comme un événement de renaissance, ne peut cependant se produire sur la base d'une norme générale ou d'un idéal général; le névrosé n'y réussirait pas plus que le créateur et l'on ne peut l'y habituer. La seule possibilité thérapeutique avec notre type nerveux individuel d'aujourd'hui consiste à développer son individualité et à la lui faire accepter; en d'autres termes à faire que l'individu se fasse lui-même ce qu'il est, autrement dit, affirme sa volonté et, par suite, son individualité. Or, ceci ne peut se produire que dans l'événement thérapeutique personnel, où la culpabilité créatrice se dresse en face de nous. C'est la plus grande difficulté que la thérapeutique individuelle ait à résoudre.

Nous réservons ces questions pour l'exposé déjà mentionné de la « Technique », et nous nous tournons, pour terminer, vers un point de vue général, important, non seulement pour la thérapeutique individuelle, mais aussi pour la thérapeutique universelle du type créateur. Nous avons parlé de phases et de degrés différents dans la formation de la religion et la création de dieu; nous n'avons pourtant pas l'intention de décrire le développement et les aspects intéressants de cette histoire. Ces indications historiques n'ont été pour nous qu'une aide dans l'exposé de ces processus compliqués en l'individu et ne devaient servir qu'à illustrer le point de vue qui me semble indispensable pour comprendre la structure et les réactions de l'individu. Nous avons parlé de périodes de divinités terrifiantes, de divinités protectrices, de divinités volontaires, de divinités paternelles, de la déification de l'amour et finalement de l'adoration de soi dans l'homme héroïque, ainsi que de son aspect négatif, le mépris de soi du névrosé inhibé par le sentiment de culpabilité. Ces phases, ces degrés d'évolution, ces réactions et d'autres encore, nous les retrouvons dans chaque individu aux différentes époques de son développement. Mais je ne crois pas que nous puissions comprendre le développement dans le passé par une projection ou une conclusion en retour qui prendrait l'individu pour point de départ. Si nous comprenions les événements passés par l'époque où ils se déroulèrent, peut-être nous serait-il plutôt possible d'éclairer maints aspects de l'individu d'aujourd'hui, qui semblent traverser des phases analogues. Mais il ne saurait être question d'une répétition ontogénétique de la phylogenèse, comme celle qui sert encore de fondement à l'idée d'inconscient « collectif » de Jung; il s'agirait d'une manifestation analogue du conflit volontaire lorsqu'il se heurte à la réalité extérieure du prochain et à la réalité intérieure de la conscience et de son développement. Ce sont donc des *phénomènes correspondants*, tels que le monde antique les concevait dans le contraste du microcosme et du macrocosme, mais nullement des rapports de causalité comme ceux que l'on trouve à la base de l'idée de phylogenèse, soit que l'on cherche à expliquer le passé par l'individu ou, inversement, l'individu par le passé. Car la faute n'est ni une accumulation historique ni une accumulation individuelle, et toutes les tentatives pour l'expliquer de cette manière sont un abus du principe de causalité des sciences naturelles que l'on met au service de la justification de la volonté. La faute naît en et de l'individu; elle engendre continuellement le mal lorsque l'individu en a besoin pour justifier son mauvais vouloir. Mais elle est alors conscience névrosée de la culpabilité et non culpabilité créatrice qu'il faut expier par de nouvelles créations.

VI

BONHEUR ET DÉLIVRANCE

« Je ne bois pas par simple amour du vin, ni pour persifler la loi – non, je veux seulement oublier un instant mon moi; c'est là tout ce que je veux trouver dans l'ivresse, cela seul ! »

OMAR KHAYYAM.

Quittons maintenant les comparaisons historiques et typologiques qui se présentaient en foule, parce qu'elles sont analogues, durant que nous considérions la création somme un processus vital continu et constant; revenons aux états d'âme actuels qui apparaissent sans cesse dans l'individu, réactions au conflit volonté-culpabilité, tel que nous l'avons décrit, influençant et déterminent de façon décisive ses manifestations. Car l'aspiration au bonheur et a la délivrance, qui habite en nous tous, ne peut être expérimentée que comme valeur actuelle pour l'individu et ne peut être comprise que par rapport à lui. C'est pourquoi nous voyons s'individualiser de plus en plus le besoin de bonheur et de rédemption qu'a l'humanité. A la justification religieuse et à la moralisation héroïque du problème volonté-culpabilité, succède l'essai d'une délivrance individuelle dans l'événement sentimental de l'amour, et ces phases de développement ont leur valeur non seulement historique, mais aussi individuelle pour le particulier chez qui elles caractérisent l'enfance, la puberté et la pleine maturité. Pour comprendre ces phénomènes analogues, nous n'avons besoin d'aucune causalité phylogénétique, mais uniquement de la *causalité du vouloir* de l'individu d'où découlent toujours, en vertu d'une nécessité psychologique, les mêmes réactions. Durant leur étude et leur poursuite, nous avons encore découvert, à côté du principe de la causalité du vouloir et venant d'elle, un autre principe qui a exercé une influence décisive sur la marche progressive des idées de bonheur et de délivrance. C'est *le principe de réalisation* qui, différent du principe de réalité (Freud), a une valeur dynamique, parce qu'il ne regarde pas la réalité comme quelque chose de donné une fois pour toutes, à quoi l'individu s'adapte plus ou moins, mais la considère comme un devenir continuel en perpétuelle transformation.

Nous avons illustré ce principe de la réalisation progressive au moyen de l'idée de dieu. Notre époque, orientée vers les sciences naturelles, a encore poussé plus loin ce principe de réalisation, après son échec dans l'idéologie parentale et dans le principe d'amour, en voulant expliquer l'âme par des termes matérialistes; dernière tentative désespérée que nous voyons culminer dans la conception psychanalytique. Mais nous voyons, en même temps, le type névrosé actuel qui souffre de la perte de toutes les illusions, chercher à s'éloigner de la thérapeutique psychanalytique, qui concrétise la volonté ainsi que la justification de la culpabilité, et aspirer à de nouveaux événements psychiques. Ceci se manifeste encore dans les tentatives analogues pour orienter la psychologie vers l'étude de la personnalité et des phénomènes considérés dans leur totalité. Cette réaction du psychique contre le psychologique me semble cependant correspondre également à une réaction contre toute l'idéologie des sciences naturelles; à ses succès et à ses résultats pratiques, l'homme répond par la culpabilité, comme à chaque succès de la volonté; d'autre part, il se réfugie dans la réalité psychique, autrement dit dans l'événement sentimental, pour y trouver la délivrance du vouloir aussi bien que de la conscience.

Quoi qu'ait pu signifier, pour l'homme des siècles passés, le besoin de bonheurs et de rédemption, pour le névrosé hyperconscient à volonté entravée de notre époque, il n'y a là que des tentatives pour se délivrer temporairement ou définitivement de son moi volontaire conscient, en un mot on tend à l'abolition *de l'individualité*, qui nous fait souffrir et qui nous isole. Quelle que soit la manière dont l'homme des temps passés cherchait à gagner, ou à se représenter, bonheur et rédemption, il ne nous restait après l'échec des tentatives générales, que la solution individuelle, réalisée en l'événement amoureux, dont l'insuffisance avait finalement nécessité l'aide d'une thérapeutique individualiste. Mais déjà la conscience personnelle hypertrophiée du névrosé commence à remarquer que cette toute dernière illusion d'une thérapeutique individuelle ne donne ni bonheur ni salut. Cette introspection, il est vrai, comme toute connaissance psychologique, n'est pas créatrice; elle n'est pas une joyeuse affirmation de la volonté; c'est au contraire une douloureuse prise de conscience, une remarque décevante de toutes ces relations que nous ne *voulons* pas reconnaître par amour de la connaissance, mais que nous devons reconnaître parce qu'aucune autre voie ne nous reste plus ouverte.

Pour saisir dans toute sa portée ce processus d'effritement de toutes les illusions, et pour comptenndre le besoin de rédemption qu'il fait naître chez l'homme moderne, nous devons considérer séparément ce processus pour lequel nous n'avens aucun qualificatif, sous les trois aspects qu'il nous offre, à nous, modernes : à savoir dans ses relations avec la sexualité, la vie affective et la conscience intime de l'individu.

Pour ce qui est de la sexualité, il faut dire d'abord que l'homme d'aujourd'hui ne comprend ni n'éprouve plus le sexuel comme un phénomène biologique pur, mais qu'il *utilise moralement* comme *contenu* essentiel du problème volonté-culpabilité; et cela contribue, dans une large mesure, à l'apparition du conflit névrotique. Il en résulte qu'il a rivé aussi ce besoin de bonheur et de salut au contenu sexuel, dans la mesure où il y trouve une libération de la contrainte morale; ce qui veut dire qu'il veut désormais utiliser moralement la sexualité, après l'avoir utilisée déjà psychologiquement. Car à l'origine, la sexualité n'a pas plus de rapport avec la morale qu'avec le salut, et son importance biologique première ne nous explique pas son rôle ni sa fonction actuels. Psychologiquement, elle est, pour les deux sexes, la réussite de la volonté. Aussi peut-elle bien donner du bonheur, si nous appelons ainsi la sensation de jouissance qu'elle procure; mais ce bonheur n'est que la conscience momentanée du succès de la volonté. Elle ne peut procurer aucun salut qui vise à la suppression, à la libération de l'individu, du soi conscient, précisément parce qu'elle marque à l'extrême la diversité et ne peut être par suite, que jouissance, donc donner du bonheur quand l'individu - homme ou femme - est à même d'affirmer son individualité et sa volonté. Or, le névrosé n'en est pas capable; aussi la sexualité ne lui offre-t-elle pas même la possibilité heureuse d'un bref oubli de soi et ne fait-elle qu'augmenter encore la conscience qu'il a en lui de la différence; autrement dit : elle augmente la conscience qu'il a de sa faute. La sexualité doit lui permettre plutôt de fuir sa conscience que de jouir d'une réussite voulue dans sa conscience, ce qui est l'essence même du plaisir. Avec l'opposition des sexes et du vouloir, la sexualité devient donc pour lui le symbole du conflit intime dont elle aurait dû le délivrer.

Le *sentiment* érotique *vécu* supprime jusqu'à un certain point ces difficultés, grâce à l'impression de délivrance que donne le bonheur de l'amour; mais d'autres raisons l'empêchent de résoudre définitivement le conflit et d'en délivrer l'individu. Dans le sentiment vécu, la volonté individuelle fléchit sous l'influence du sentiment, de sorte que l'abandon au partenaire n'est point une soumission de la volonté, au sens propre, mais la simple conséquence du fléchissement intentionnel du vouloir personnel. Le sentiment représente donc une sorte de *tentative de délivrance personnelle* qui vise en somme l'indépendance par rapport à la volonté de l'autre objet; ce qu'on recherche, ce n'est pas la soumission de l'autre, c'est la sienne propre. Cet abandon de la volonté est vrai pour les deux sexes, de même que l'acte sexuel exprime pour tous deux une réussite de la volonté. Le conflit paraît dans la sphère sentimentale dès que la volonté se cabre contre l'abandon à *l'autre*; l'individu qui trouve le salut dans son propre abandon sentimental tend finalement à se délivrer de cette contrainte sentimentale tout comme il avait cherché auparavant à se libérer, par l'amour, de la contrainte sexuelle de l'espèce.

Nous voyons donc ici encore que le besoin de bonheur et de salut qu'ont les hommes non seulement varie avec les différentes phases d'évolution historique et individuelle, mais encore qu'il varie selon la constellation de volonté et de culpabilité du moment. Ce qui sert aujourd'hui de moyen de délivrance, l'individu peut au même moment, ou le lendemain, en être délivré, dès que cette forme de salut devient contrainte. Ceci se complique à l'extrême dans la *sphère de la conscience* où se manifestent finalement tous ces conflits. Quand la conscience affirme la réalisation du vouloir, dont elle fut d'abord l'instrument, elle donne la sensation de plaisir; celle-ci tend à son tour, à perdre sa qualité consciente puisqu'elle cherche à rendre durable le momentané, à faire du bonheur la délivrance. Ce plaisir qui, dit Nietzsche, « veut l'éternité », puisqu'il s'efforce de s'écarter de la conscience temporellement conditionnée, devient peine quand la conscience nie la volonté au lieu de l'affirmer, provoquant la conscience du péché à la place de celle du plaisir. L'aspiration au salut s'empare alors de la conscience coupable, forme torturante de la conscience de soi, qui, par l'affirmation de la volonté, avait d'abord procuré du plaisir.

Nous nous trouvons avec cette discussion au centre de la question de la délivrance qui concerne, selon le cas, la volonté ou la conscience, le plaisir ou le péché. Nous remarquons, ici aussi, que bonheur et salut, du moins tels que nous les comprenons dans l'individu d'aujourd'hui, représentent, en fait, des contraires et non seulement des degrés différents d'une aspiration dirigée vers la suppression de l'individualité. Car le désir de bonheur est un point culminant de l'individualisme et de son affirmation joyeuse du vouloir par la conscience personnelle; tandis que l'aspiration au salut cherche, au contraire, la suppression de l'individualité, l'égalité, l'unité, l'unification avec le tout. Aussi n'y a-t-il de bonheur que dans le succès de la volonté, de salut, que dans la suppression de la volonté par le sentiment. Mais cette suppression de la volonté, même joyeuse, on ne peut l'atteindre que par le sentiment de culpabilité, dont on cherche alors aussi à se délivrer. Ainsi le sentiment de bonheur délivre, par instant, de la contrainte de la volonté; mais en réalité, on cherche une libération définitive de la lancinante conscience de la culpabilité.

C'est ici que nous rencontrons le facteur temps, dont la quantité est non seulement déterminante pour le sentiment de bonheur et de salut mais est, avant tout, l'élément central de la conscience, par conséquent, de toute la vie psychique. Car toutes nos tendances psychiques, quel que soit le point de vue d'où on les considère, peuvent en somme être regardées comme la vie elle-même, en fonction du temps. Tous les mécanismes psychiques n'ont, finalement, d'autre but que d'abréger ou de prolonger des états d'âme; de les abréger jusqu'au néant, comme dans le reniement, de les prolonger jusqu'à l'infini, comme dans la croyance à l'immortalité. Pourtant les choses ne sont pas si simples que nous ne désirions prolonger que les états de plaisir et n'abréger que les états de déplaisir; nous nous heurtons ici au fait paradoxal que l'individu veut prolonger le plaisir dont l'essence même est d'être tout entier dans les limites temporelles de la conscience; aussi échoue-t-il, comme dans son effort pour abréger la peine dont le caractère est précisément de prolonger un état d'âme quelconque, même agréable au début. Car le plaisir est, en quelque sorte, brièveté de conscience, le déplaisir, durée de conscience prolongée, du moins sur le plan de connaissance de soi du névrosé, où la conscience trouble l'événement, sous forme de conscience de culpabilité; aussi l'individu veut-il en être délivré.

Par conséquent, du point de vue de la psychologie affective, la conscience nous apparaît comme un problème temporel en ce sens que le temps représente la forme de la conscience et que c'est ce facteur temps qui rend agréables ou désagréables ses divers contenus. La volonté, force active constante, cherche à prolonger par la conscience son affirmation éprouvée comme agréable, à la rendre durable, autrement dit à transformer le sentiment de bonheur en délivrance. Si cette prolongation réussit, elle devient pénible parce qu'imposée et l'individu cherche à se débarrasser des esprits qu'il avait évoqués. Ainsi le sentiment d'amour devrait rendre constant le plaisir sexuel qui supprime le conflit de la volonté par la jouissance de sa réalisation; mais cette dépendance affective, l'individu l'éprouve comme une contrainte et cherche à s'en délivrer par un effort conscient de volonté; le voilà donc ramené au sentiment de culpabilité auquel il cherchera à échapper par l'inconscient. C'est ici que se placent toutes les idées de rédemption dans l'éternité, depuis le nirwana bouddhistique jusqu'à la croyance chrétienne à l'immortalité; efforts qui ne visent, en somme, qu'à délivrer l'être de la torturante conscience de soi et ont aussi peu de rapport avec la véritable mort biologique que « l'instinct de mort » de Freud. Car la pénible réalité, dont l'individu veut se débarrasser, c'est la conscience personnelle sous forme de lancinante conscience de soi. La délivrance, on la cherche dans la domination de la forme temporelle de la conscience dans des symboles de durée et d'éternité; parmi ceux-ci la procréation et la mort ont toujours eu la préférence parce qu'elles sont des phases du cycle biologique.

L'homme s'est senti immortel, tant qu'il n'a rien su du temps, tant qu'il n'en a pas eu conscience. Tel est le sens du péché originel, symbole qui fait de la fatalité accablant l'homme une conséquence du péché de connaissance, tandis que le mythe grec, en une formule psychologique, rattache à l'apparition de la conscience du temps la transition qui s'est faite du dieu immortel à l'homme mortel. Ouranos, l'éternel dieu céleste, est châtré par Kronos, symbole du temps et de la durée qui, depuis lors, domine le monde et l'homme. Si Freud avait désigné le complexe qui est au fond de ce mythe d'après le héros et non d'après le contenu, il aurait compris que le « complexe de Kronos » est peut-être, pour l'humanité actuelle, le plus important et le plus puissant. C'est avec lui que le problème du temps devient un problème psychologique et fait irruption dans la conscience humaine en développement ; c'est par lui que l'éternel principe biologique de la procréation, dont le mythe de l'union amoureuse du ciel avec la terre est la représentation cosmique, est brisé par la conscience humaine devenue consciente du temps. A partir de ce moment, les idées humaines de rédemption prennent le caractère d'éternité, qui atteint sa forme extrême dans la vie bienheureuse du royaume céleste des chrétiens. La connaissance psychologique du problème du temps, comme forme de la conscience humaine, conduit donc à la fois de l'éphémère satisfaction instinctive que donne le bonheur à la paix éternelle de la béatitude, au salut.

Les idées humaines de rédemption ont une évolution et une histoire ; cette histoire a été, comme toujours, interprétée et mal interprétée tant que, ignorant le problème du vouloir et du péché qui est à sa base, on faisait jouer contre l'autre l'un de ces deux facteurs, au lieu de comprendre leur rapport nécessaire et leur action commune. Ceci nous enseigne que, selon le milieu où se déroule le conflit, la délivrance de l'individu portera tantôt sur la volonté, tantôt sur le péché, tantôt enfin sur la conscience. Or volonté, péché et conscience se comportent différemment à l'égard du problème du temps : quelle que soit la façon dont on la conçoive ou l'interprète, la volonté reste une force active constante tandis que la conscience est, avant tout, qualité, état, et comme telle, elle est passive, temporaire, momentanée. Le sentiment pénible, dont le sentiment de culpabilité est la manifestation psychologique, provient des tentatives faites pour unir ces deux grandeurs incommensurables. Pour comprendre toutes les possibilités qui apparaissent dans l'histoire de l'évolution comme dans l'individu, il nous faut introduire encore un peu de psychologie de la volonté et étudier l'influence qu'exercent l'un sur l'autre les trois facteurs : volonté, conscience et sentiment de culpabilité. Le problème se complique énormément, mais gagne en intérêt psychologique parce que, dans les divers stades de son évolution, qui va du négatif au positif, la volonté exerce son action en retour sur l'individu, sur ce dont il s'est emparé et sur ce qu'il est devenu.

Dans les rapports de la volonté avec la conscience, il existe une phase naïve de développement, dans laquelle elles se confondent; ainsi sans doute la volonté individuelle consciente fut-elle une fois unie avec l'instinct vital biologique, qu'elle ne faisait que représenter et affirmer. La *première* phase de développement de la volonté individuelle qui se manifeste sous forme de contre-volonté, correspond à un « *Je ne veux pas, parce que je suis contraint* »; la *deuxième* phase, celle de la manifestation positive de la volonté, correspond au *vouloir de ce qu'on doit*; la *troisième* phase est créatrice et correspond à un *vouloir de ce qu'on veut*. La première phase indique que l'on a *conscience* que l'on veut (contre la contrainte de l'autre volonté); la deuxième phase indique que l'on sait ce qu'on veut (devoir); la troisième phase, qui est créatrice, unit la conscience du moi de la première à la manifestation positive de la volonté de la deuxième, avec cette différence qu'elle concerne non un devoir mais une volonté autonome. Au premier degré, nous éprouvons un sentiment de culpabilité, conséquence de la contre-volonté; au deuxième nous avons la conscience de la faute parce que nous renions la volonté personnelle en interprétant le vouloir comme une contrainte; nous voulons ou bien ne pas savoir *ce que* nous voulons (refoulement du contenu ou rationalisation) ou ne pas savoir que nous voulons d'une façon générale (reniement dynamique). Enfin la troisième phase crée la culpabilité par affirmation consciente et manifestation de la volonté et de son contenu personnel.

Ainsi conscience et culpabilité, qui d'abord concourent au service de la manifestation négative et de la réussite créatrice de la volonté, barrent finalement la route de la volonté et même, dans la conscience coupable du névrosé, commandent au vouloir humain de faire halte. Toute aspiration des hommes au bonheur et au salut est alors une tentative thérapeutique spontanée pour unir harmonieusement, ou pour séparer totalement, les deux puissances continuellement opposées : volonté et conscience. Ces essais sont voués à l'échec; dans l'union harmonieuse, dans la coopération de la volonté avec la conscience qui l'affirme, nous éprouvons, certes, le sentiment de bonheur; mais il ne peut être que de courte durée et l'on ne peut jamais obtenir la prolongation dans la durée consciente; aussi cherche-t-on le salut dans l'inconscient qui, de son côté, essaie de séparer le sentiment de bonheur de la forme temporelle de la conscience. De là la tendance à éterniser qui se manifeste différemment dans les sphères de la volonté, de la conscience et de la culpabilité, selon que nous voulons éterniser le plaisir dans le sentiment, la conscience de soi dans la vérité, ou le moi dans l'œuvre créée. Toutes ces tendances à l'éternisation du soi correspondent aux thérapeutiques positives spontanées qui rendent heureux : nous les trouvons dans le sentiment religieux et dans le sentiment d'amour, d'une part, dans la connaissance créatrice et la production artistique, d'autre part. Mais toutes ne conduisent pas à la délivrance parce qu'elles dépendent toujours de l'affirmation de la conscience et sont, par suite, bornées dans le temps.

Les idées de salut proprement dites qui visent à la durée éternelle et à libérer de la conscience, ne peuvent se comprendre que par le sentiment de culpabilité pour s'en affranchir, il faut aussi bien se libérer de la volonté que de la conscience, parce que c'est de leur action réciproque que naît la conscience torturante de culpabilité. L'action du sentiment de culpabilité sur la volonté consciente s'étend de l'inhibition du vouloir au sens éthique, en passant par l'inertie du vouloir du névrosé jusqu'au reniement du vouloir tel que Schopenhauer l'a minutieusement décrit dans toutes ses manifestations, y compris la suppression de la volonté chez le suicidé. Ce même philosophe a apporté la même grandiose précision à l'examen de l'éternelle aspiration de l'homme à être délivré de cette volonté qui tourmente. Mais en mettant en relief le problème de la culpabilité, Schopenhauer a été poussé au pessimisme, de même que Freud, qui finalement l'a suivi en admettant qu'il n'y a pas d'autre salut que celui du nirwana éternel; c'est là ce que Freud a interprété biologiquement sous le nom d'instinct de la mort. Cette solution du problème de la volonté, à laquelle Schopenhauer fut conduit, on le sait, par la philosophie religieuse de l'Inde, s'accordait avec l'âme hindoue, qui créa, dans la doctrine de Bouddha, la glorification suprême de la conscience humaine et dont l'idéal de rédemption est, par suite, une libération, une domination de la conscience par la toute puissante volonté. En mettant en relief le sentiment de faute que les hindous exprimaient par la doctrine de la migration des âmes, Schopenhauer a transféré de la conscience à la volonté, son aspiration au salut. Enfin Freud a vu d'abord dans la conscience un moyen salutaire de guérison contre la volonté sexuelle, pour se heurter finalement à l'obstacle insurmontable du sentiment de culpabilité. A Nietzsche, qui ne cherchait ni vérité philosophique, ni illusion thérapeutique, mais qui s'exprimait lui-même en créateur, il était réservé de trouver, dans la manifestation affirmative de la volonté par la création de soi, la seule rédemption. Pour le névrosé qui souffre de sa conscience et du sentiment de culpabilité, la délivrance ne saurait se trouver que dans la négation du vouloir puisqu'il ne peut plus la trouver dans la suppression momentanée de la conscience qui procurait des états extatiques - et l'acte créateur en est un.. Chez lui le désir de salut concerne le vouloir vivre de Schopenhauer, la vie instinctive de Freud, en langage psychologique le vouloir lui-même uniquement parce qu'il ne peut se débarrasser du savoir, ni de la conscience coupable qui en découle.

Nous sommes ainsi conduits à la tâche essentielle de la psychothérapie individuelle. Sa principale difficulté - qui est aussi celle de l'éducation - me semble consister en ce que les deux parties ont, de par leur psychologie différente, des buts différents. Dans le domaine de la thérapeutique individuelle ce contraste se manifeste en ce que le médecin et le malade ont des conceptions différentes de la délivrance. L'analyste, type de volonté puissante, veut créer des hommes à son image. Pour lui, le salut c'est le détachement, la libération de la contrainte exercée par la mauvaise volonté dont il nie en même temps l'affirmation créatrice parce qu'il agit uniquement selon son idéal thérapeutique : aider les autres. Par contre le névrosé qui souffre déjà du reniement de la volonté qu'aucune illusion ne lui permet plus d'idéaliser, cherche à se délivrer non de la volonté, mais de la conscience qui le tourmente sous forme de conscience de culpabilité. Il ne veut pas savoir *davantage*, ni savoir autrement ou mieux, il veut ne pas savoir du tout; il veut être conduit par le sentiment à la manifestation positive et à l'affirmation de sa volonté; au contraire le thérapeute cherche dans la connaissance consciente, ce qui le délivrera de la volonté créatrice. Je réserve pour un autre ouvrage l'exposé détaillé et l'explication de ce contraste entre la psychologie du médecin et celle du patient qui est si important pour le traitement et la théorie des névroses. Je me tourne à nouveau vers les thérapeutiques spontanées générales, telles que nous les trouvons dans les idées de bonheur et de salut de l'humanité. Car le contraste qui existe dans la psychologie des individus cherchant à la fois bonheur et rédemption, tel que nous le rencontrons dans la situation thérapeutique artificielle, est supprimé dans la situation thérapeutique universelle, qu'est devenue au cours de l'évolution, la vie sexuelle et amoureuse de l'homme. Les deux sexes jouissent du bonheur de la réalisation de leur volonté selon leur personnalité individuelle et sexuelle; ils se délivrent également de la conscience individuelle dans l'extatique et éphémère oubli de soi de l'ivresse sensuelle et de l'abandon sentimental; ils se libèrent enfin du péché par la création générique que l'éducation de l'enfant transformera ensuite en création individuelle.

Ce bonheur par coopération harmonieuse des trois sphères ne se trouve que dans l'amour idéal; il est non seulement limité dans le temps, comme toute impression de bonheur, il est encore, le plus souvent, de courte durée, puisqu'il se brise contre les conflits de deux volontés individuelles. Le bonheur qui signifie le succès de la volonté personnelle est, par sa nature, de courte durée il est en plus lié à la réalité, donc doit vaincre la résistance des obstacles extérieurs, alors que la délivrance vise un état d'équilibre intérieur pur qui rendrait le moi indépendant du monde extérieur. Lorsque l'individu essaie de rendre durable son éphémère bonheur, et d'y trouver sa délivrance, il s'aperçoit que le caractère agréable disparaît en même temps que la résistance extérieure devient permanente. Dans l'amour individuel, qui d'ailleurs ne doit son existence qu'à une rencontre favorable des différents facteurs, la difficulté esquissée se manifeste en ce que la volonté étrangère devient finalement une représentation extérieure de la contre-volonté personnelle au lieu de conduire à sa suppression intérieure. En d'autres termes, le dualisme intime de l'opposition entre l'instinct sexuel générique et la volonté personnelle consciente ne trouve, dans la dualité des sexes, qu'un symbole extérieur et non l'inverse. Ce qui veut dire que le dualisme de l'individu conscient de soi ne repose plus sur la bi-sexualité dont le développement remonte à des millions d'années. Notre sommeil n'en serait point troublé si nous n'avions pas développé en nous, comme conséquence du conflit volonté-culpabilité, la volonté de dominer autrui et le désir d'annihiler notre volonté dans l'abandon sentimental personnel; nous tirons ensuite de notre psychologie de la volonté une interprétation et disons qu'il s'agit là, selon notre idéologie sexuelle, de traits « virils » ou « féminins ».

Cet échec de l'aspiration au bonheur et à la délivrance, même dans sa forme la plus hautement individualiste, l'amour, conduit finalement à une forme de délivrance caractéristique de l'homme d'aujourd'hui, que je voudrais appeler, d'une manière tout à fait générale, « forme thérapeutique ». Elle aussi repose sur le développement de la conscience de soi et de la conscience de la culpabilité, qui s'y joint, et qui, peu à peu, refoule et remplace le sentiment d'amour, s'emparant de plus en plus de l'homme, provoque une modification de l'idée de délivrance : on ne cherche ni ne trouve plus le bonheur dans le succès positif de la volonté, ni dans son affirmation consciente; on le cherche dans *l'effort pour rendre autrui heureux*, afin de se racheter soi-même de cette manière. Il est clair que cette forme de la tendance à la délivrance tient de la conscience de la culpabilité : rendre autrui heureux délivre du péché et donne du bonheur à qui le fait. Cette idéologie thérapeutique de la délivrance ne se borne pas à caractériser la vie amoureuse de notre époque, qui n'en est que l'expression; elle fait aussi comprendre en même temps l'importance de la psychothérapie individuelle dans la vie civilisée d'aujourd'hui. Ne voyons-nous pas que, dans la recherche de la délivrance, l'individu vient échouer contre l'idée « chrétienne » de sacrifice personnel ? et d'un autre côté, le type actuel du psychothérapeute, qui tend à remplacer peu à peu le prêtre, ne doit-il pas son apparition et son développement à cette idéologie de la délivrance d'autrui ? Nous trouvions tout à l'heure dans la diversité des idéologies rédemptrices du malade et du médecin un obstacle à l'efficacité du traitement; ici, c'est l'égalité fondamentale de leur structure psychique dans sa manifestation positive et négative qui apparaît comme un obstacle.

Le névrosé souffre de ce qu'il ne cherche à réaliser sa nostalgie de la délivrance qu'en rendant autrui heureux; c'est la forme qui convient le mieux à l'homme moderne pour se *délivrer* de la culpabilité; mais c'est également la forme qui convient au psychothérapeute qui cherche, en aidant les autres et en se sacrifiant à eux, à se délivrer de sa volonté. Le bonheur qu'ils cherchent tous deux ne peut être atteint par cette voie; seule la réussite positive de la volonté peut le donner; or la délivrance reste tout à fait indépendante de l'objet. Ce mélange du besoin de bonheur et du besoin de délivrance, si net dans la situation thérapeutique, est le trait caractéristique du névrosé d'aujourd'hui. Il nie le bonheur, affirmation individuelle de la volonté; aussi est-il obligé de transmuter la thérapeutique individuelle d'amour - la seule dont il soit capable - en sacrifice pour autrui, selon les idées de délivrance que nous venons d'examiner. Autrement dit, il cherche à transformer en une justification morale du vouloir par autrui, la possibilité de bonheur qui réside en fait dans la réussite de la volonté contre autrui; cette justification lui permettrait alors d'accepter le bonheur. Ainsi l'événement amoureux est devenu, chez le nerveux d'aujourd'hui, un problème moral, religieux même si l'on veut, du moins au sens psychologique du terme : car en vertu du conflit épique de la volonté, il ne peut plus éprouver directement et immédiatement la possibilité de bonheur par l'amour; il lui faut la transformer en une délivrance individuelle de la contrainte morale. Le sentiment amoureux du névrosé d'aujourd'hui n'est point une forte affirmation de la volonté qui conduit au bonheur; c'est plutôt une tentative thérapeutique pour échapper, à l'aide de l'être aimé, à la contrainte du conflit volonté-péché; or en général, l'objet aimé n'est pas un thérapeute; il attend lui-même de l'autre une délivrance analogue.

Les thérapeutiques générales de délivrance, telles que nous les présente surtout la religion, avec toutes ses ramifications dans l'art, la philosophie et les sciences, ont échoué; dès lors la délivrance individuelle - la seule à laquelle aspire la personnalité d'aujourd'hui - ne saurait se trouver que dans le bonheur individuel que le conflit éthique de la culpabilité interdit à l'individu d'accepter. L'amour, dont l'échec comme thérapeutique individuelle de rédemption est désormais évident, fut la dernière tentative pour transformer la possibilité de bonheur individuel avec un autre en un salut individuel par un autre. Le bonheur ne peut être qu'une découverte individuelle et dans ce cas, il est une délivrance personnelle; mais la délivrance, de par son essence même, ne peut être que générale parce que sa forme suprême est l'abolition de l'individualité. Si l'individuation a progressé au point que l'individu ne puisse plus trouver de salut par l'universalité dans les idéologies générales de délivrance, mais doive au contraire les chercher individuellement, il ne reste plus alors aucune autre possibilité de salut que d'éteindre la conscience individuelle de soi dans la mort. Cette forme destructive de la délivrance telle qu'elle se manifeste dans la tendance au suicide de plus en plus fréquente chez l'homme actuel, représente certes la victoire suprême de la volonté individuelle sur l'instinct vital et toutes les entraves éthiques; mais elle n'a plus d'action « thérapeutique » même quand on la présente sous l'aspect scientifique de « l'instinct de mort », comme le fait la psychanalyse. Car, chez l'homme, les facteurs biologiques eux-mêmes sont dans une large mesure placés sous la domination de la volonté et, il est vrai, à cause du problème de la culpabilité, exposés au danger de se manifester sous une forme destructive. L'expérience psychanalytique nous a précisément enseigné que des hommes peuvent devenir malades et mourir s'ils le veulent, mais aussi qu'ils peuvent aussi souvent échapper « merveilleusement » à la mort - s'ils le veulent. Ce conflit de la volonté individuelle avec les puissances biologiques de contrainte constitue le problème humain par excellence dans ses manifestations créatrices comme dans ses manifestations destructives. En affirmant, au lieu de la nier ou de la renier, la volonté personnelle, on fait naître « l'instinct vital », et l'on trouve bonheur et délivrance dans le fait de vivre et dans ce qu'on vit, dans la création et son acceptation, sans qu'on ait besoin de se demander comment ? d'où ? dans quel but ? pourquoi ? Les questions qui naissent de la scission du vouloir dans la conscience de la culpabilité et la conscience de soi ne peuvent être résolues par aucune théorie psychologique ou philosophique, dont la réponse est d'autant plus décevante qu'elle est plus exacte. Le bonheur ne peut se rencontrer que dans la réalité, nullement dans la vérité ; et ce n'est jamais dans, ni par la réalité, mais en nous-mêmes et par nous-mêmes que nous trouverons la délivrance.

FIN